女ひとり旅、世界のめしを食べつくす！

——三好智子

A woman traveling alone.
Eat the food of the world !

Introduction

　世界中の、まだ知らない料理をもっともっと食べたい！ ただそれだけを目的に、各国の郷土料理を求めて世界一周の旅へ出た。30代半ば、会社員を辞め、約1年半かけて47ヶ国をひた走った。実はこれが人生初めての壮大な一人旅。

　旅と食にハマったきっかけは、学生時代のタイ旅行。日本には無い強烈な香辛料、柑橘類の香り、そして見たことの無い料理がずらりと並ぶ屋台。どれもが安く、美味しく、みるみるエキゾチックな味にのめりこんだ。新しい料理に出会いたくて、仕事の休みに、アジア各国への短期旅を繰り返すようになった。市場で初めて見る食材の数々を買い集め、スーツケースいっぱいに詰め込んで帰国する。食材やレシピ探求に没頭し、気付けば我が家は玄関を開けるとスパイスの香りが漂う家へと化していた。

　現地へ行ってこそ知ることができる、その国ならではの食文化。訪れたことのない国にも、きっと見たことも聞いたこともない美味しい料理がたくさんあるに違いない。もっと色んな国へごはん食べに行ってみたいなぁ…。あぁ、旅立に出たい、おいしいごはんが食べたい、オナカすいた！ 決めた、もう世界中の国へ食べに行っちゃおう！ 本当に、こんな感じだった。長年の夢と言えばそうだけど、押さえきれない食欲と好奇心が、勢い余って日本を飛び出し、世界を一周してしまったのだ。人生、やり残しがないように、食べそびれることのないように。さぁ、オナカを満たしに旅に出よう！

002　Introduction

1. Asia
アジア編
- 010　タイ
- 014　スリランカ
- 018　インド
- 026　ネパール
- 031　キルギス
- 036　アラブ首長国連邦
- 037　オマーン
- 038　ウズベキスタン
- 042　イラン
- 050　アルメニア
- 054　ジョージア
- 062　トルコ

2. Europa
ヨーロッパ編
- 070　ルーマニア
- 074　ハンガリー
- 080　スロバキア
- 081　オーストリア
- 082　ドイツ
- 090　フランス
- 098　スイス
- 102　イタリア
- 108　チェコ
- 109　ベルギー
- 110　スペイン
- 118　ポルトガル

3. Africa
アフリカ大陸編
- 130　モロッコ
- 138　エジプト

4. America

アメリカ大陸編
- 150 メキシコ
- 158 キューバ
- 166 コスタリカ
- 170 エクアドル
- 174 コロンビア
- 181 パナマ
- 182 ペルー
- 190 ボリビア
- 198 チリ
- 203 パラグアイ
- 206 アルゼンチン
- 210 ウルグアイ
- 214 ブラジル

Column
- 066 世界のスパイス&ハーブ
- 078 女一人旅 ぶらり酒場放浪記
- 107 世界中で旅友を作ろう！
- 126 世界の市場
- 146 世界の宗教と食事情

222 Afterword

　せっかくの長旅、初めての国へ行こう！ そう思って、訪れたことのある東南アジアの国々を飛び越え、大陸を西へ西へと移動した。スパイスのエキゾチックな香りをまとったアジアの料理は、一度ハマると病みつきになってしまう。かつてシルクロードを通って伝えられた食文化が東西に広がり、同じルーツを持つ料理が、各国で少しずつ味や調理方法を変えて根付いていたりするのも興味深い。人々の熱気と喧騒と、活気みなぎるアジアの国々。時々起こるちょっとしたハプニングも、旅のいいアクセントになるし、また何度でも訪れたいと思わせる不思議な魅力にあふれている。旅もごはんも刺激いっぱい、魅惑のアジア料理でパワーチャージだ！

南部地域はシーフードの宝庫
タイ 〜Thailand〜

青い海とシーフードとご近所さん

　これまでにも幾度となく足を運んだ、私が最も好きな国の一つ、タイ。初めて訪れたとき、複雑で刺激的な料理に魅了されたのが、私が旅と食にハマった大きなきっかけにもなった。

　今回訪れたのはタイの南部、プーケットから北に40kmほど離れたカオラックという街。シミラン諸島[1]に近い、海沿いの小さな街を選んだ理由は、青い海と、魚介メインの南部タイ料理だった。

　田舎の小さな街カオラックは、透明度バツグンの国立公園の海でも、ビーチの取り合いをせずにのんびりできる。道路も空いているので、旅行者でも比較的安全にスクーターの運転ができ、海も山も自在に移動してタイの自然を満喫できる魅力的な街だ。

　市場に行けば新鮮なエビ・カニ・魚が並び、レストランではサラダからスープ、カレーまで、あらゆる料理に惜しげも無くたっぷり魚介類が入っている。屋台では魚介の揚げ物や焼き物、惣菜などが手頃な価格で少しずつ楽しめる。ソフトシェルクラブ[2]や、ガングラダーンと呼ばれるウチワエビもこの地ならではの珍味。ビール片手に屋台をハシゴして、魚介でオナカいっぱいという贅沢を実現できるのだ。

　そんな私のゆる旅に刺激をくれたのは、宿の隣の酒屋さんだった。店の前のテーブルでは、酒屋ファミリーとその友人や親戚が、いつもくつろいだりご飯を食べたり飲んだりしていた。

　暑い＆ご飯がおいしい＝ビールが飲みたい。これはもう、必然だ。連日お酒を買いに行っていた私は、自然とその中に入り込んだ。フレ

※1／タイで随一の美しさとも言われる国立公園になっている島。ダイビングのメッカでもあり、起点となるカオラックにはダイブ目的の旅行者も多い。

※2／脱皮したての殻の柔らかいカニ。揚げて殻ごと食べることができる。

ンドリーな彼らとは、店じまいすると一緒に飲みに出かけるようになった。行きつけの飲み屋に連れて行ってくれ、ご近所さんや常連さん、どんどん飲み仲間が増えて、連日連夜盛り上がった。屈託なく笑って飲むおだやかな時間、これだからタイはやめられない。

唐辛子は何本入れる？ 辛いのがお好きな南部の人たち

　泊まっていた宿で、料理教室を開いてもらった。宿のママは、酒屋ファミリー同様気さくで親切、かつ陽気で大雑把な楽しい人だった。

　「好きな食材は何？」とざっくりした質問がきたので、「魚介がいい！ あと、生コショウ[3]！」と、同じく大雑把な希望を伝えておいた。

　ママが準備してくれたのは、巨大な魚とイカ、そしてたくさんのタイハーブと調味料だった。そして、「入れたいものある？ 好きなものを使えばいいわ！」と。実は決まっていたのは魚とイカだけ。どうするかはその場で私が選んだ食材を元に考える、即興料理だった。

　決まったメニューから選んで作る、という別の料理教室にも実は前日参加していて、内容も料理もよかったのだけど、特に風変わりなメニューもなかったので、家庭料理感覚なこのスタイルは嬉しかった。

　南部の人は辛い料理を好む。「唐辛子は何本入れる？ 私はいつも10本は入れるわ！」というママの意見を参考に、辛さのレベルを決めて作っていく。ほぼ目分量で調味料を投下し、完成したのは魚のプラムソース掛けと、イカの生コショウ炒めだった。

　なかなかの辛さを放つ即興オリジナルの味付けは、刺激的だけどタイらしい酸味と甘さが混ざってとても美味しかった。辛いのが得意なのかと思ったら、ママは唐辛子を噛んでヒーヒー言っていた。タイ人でも辛いものは辛い、でもそれがいいのだそう。タイ料理もタイ人も、まだまだ奥が深い。さて、次はいつタイに行こうかな。

※3／日本の気候では栽培が難しく、乾燥した胡椒が一般的だが、タイなどでは摘みたての胡椒が簡単に入手でき、乾燥させずそのまま料理に使用される。

—— Thailand ——

1.ラムルー国立公園(Lamru National Park)のsmall sand beach／**2**.タイ料理の定番、パパイヤサラダ、ソムタム。／**3**.タイ南部のシュリンプマッサマンカレー。／**4**.魚がゴロゴロ入ったすっきりスパイシーなスープ。／**5**.食べ物や雑貨の屋台が並ぶナイトマーケット。／**6**.タイ南部で獲れる、日本では高級珍味のガングラダー

Thailand

ン(セミウチワエビモドキ)。／**7**.屋台に並ぶ焼きたて、揚げたての魚介や惣菜。／**8**.調理に使ったハーブやスパイス、調味料と魚介類。／**9**.クロック(素焼きのすり鉢)で食材を叩いて潰す。／**10**.魚のフライ、チリ＆プラムソース掛け。／**11**.イカのチリ＆生コショウ炒め。／**12**.街の料理教室で作ったタイの定番料理の数々。

013

のんびり旅したいスパイシーな国
スリランカ 〜Sri Lanka〜

小さな国と侮るなかれ、見どころ満載スリランカ

　スパイス料理が食べたい！ という、半ば食欲だけで訪れたスリランカは、ほがらかでフレンドリーな人たちと、豊かな自然やいくつもの世界遺産を有する魅力溢れる国だった。見どころの多さと居心地のよさに、もっと長期滞在にすればよかった[1]と後悔した。

　短期日程に詰め込んで巡った世界遺産は、そのどれもが想像を越えたスケールで、見応え満載だった。空中庭園とも呼ばれる、巨大な岩の上に宮殿跡の残るシーギリヤロックやダンブッラ石窟寺院では、どちらもひたすら続く階段をぜーぜー言いながらなんとか登頂。絶景までの道のりはなかなかに険しかった。ブッダの歯が奉られている仏歯寺では、献花に訪れた人波にもまれ、要塞都市ゴールでは突然のスコールでずぶ濡れに。なかなか大変だったけど、そのどれもが異なる特色を持つ素敵な場所だった。

スパイスがクセになる、魅惑のスリランカ料理

　スリランカといえば、やっぱりカレー。お米の上に数種類のカレーと、マッルンというココナッツ炒めや、チャツネ[2]、サラダなど様々なおかずも一緒にドドンと盛りつけ、混ぜて食べるのが一般的だ。

　小麦で作ったロティという生地でスパイシーな具を包んだものや、ロティを刻んでスパイスと炒めたコットゥも定番の一品。

　鶏肉料理も多いが、やはり島国、魚は外せない。市場にはずらりと鮮魚が並び、干物にして使ったりもする。干した魚のダシが効いたカ

※1／スリランカは入国の際、出国チケットの提示を求められるので、事前に出国日をちゃんと決めて、航空券を購入しておく必要がある。

※2／果物やハーブ、スパイスを使ったソース。日本で言う薬味のようなもの。

レーは、スリランカならではだ。エビやカニは、レストランではもちろん、屋台でも手軽にスナックとして楽むことができる。

スパイスに魚介とくれば、ここはビール片手に…といきたいが、飲食店の多くは酒類の提供をしていない[3]のが悲しいところ。特に女性は、地元のバーに行くと目立つ。でも、ライオンビールや、アラックといったスリランカのお酒は楽しみたい。そんな私は結局、食堂の料理をテイクアウトし、酒屋で[4]買ったお酒とともに宿で…という最終手段に至った。やっぱりスリランカ料理とお酒は相性バツグンだ！

美味しいカレーの秘訣はコレだったのか！

ヒッカドゥワという街の宿で、この旅初となる「突撃お宅の台所」を決行した。宿泊者への食事サービスのない、家族経営の宿だった。あまり愛想を振りまくタイプではない宿のママに「スリランカ料理の作り方を見てみたいんだけど…」と、ドキドキしながらお願いしてみたら、意外にもあっさりOKしてくれた。聞いてみるものである。

キッチンに招かれ、早速調理開始かと思いきや、ママは庭へ出て行ってしまった。程なくして、戻ってきた彼女が手に持っていたのは、ココナッツ。庭の木から採ってきたものだった。ナタで割り、丁寧に中を削り取ってココナッツミルクを抽出する。1回、2回、3回と水を加えて絞った濃度の異なるミルクを、魚・野菜・豆とスパイスを入れた3つのカレー鍋に、それぞれタイミングを変えて加えていく。「ココナッツミルクは、毎食新しいものを絞るのよ」と教えてくれた。この手間と、上手なミルクの使い方が美味しく作るコツなのだ。

3種のカレー全てをご飯にのせてワンプレートに。ちゃっかりごちそうになりました！ サッパリだけどかなりスパイシー、しっかりダシの出た魚のカレーに、まろやかな豆&野菜カレーの組み合わせは最高に美味しかった。家の庭にも、ココナッツの木が欲しい！

※3／スリランカは酒類販売のライセンス料がバカ高いので、提供している飲食店が少なく、物価に対してお酒も高い。宗教的なこともあり、女性はほとんど飲まないので、酒好き女子は目立つ。

※4／お酒を提供している飲食店は限られるが、スーパーなどでも販売はされているので、購入自体は難しくない。

— Sri Lanka —

1.ダンブッラ石窟寺院の中にある涅槃像。壁画が壁や天井を埋め尽くしている。／**2**.ココナッツ炒めマッルンによく使われる、スリランカを代表するハーブ、ゴトコラ。／**3**.コロンボの海沿いは憩いの場所。屋台がずらりと並び、馬にも乗れる。／**4**.シーフードののったワデ（豆の揚げ物）の屋台が多い。／**5**.宿の朝食。朝食でよく食べられる、小麦とココナッツの生地に卵を落としたエッグホッパー。／**6**.エビがゴロゴロ入った、魚

— Sri Lanka —

介ダシの効いたカレーとフライドライス。／**7**.小麦で作ったロティという生地を刻んで、スパイスや野菜、カレーなどと炒めた定番料理のコットゥ・ロティ。／**8**.ローカルの酒場。女性はあまり飲まないので、店内は男性ばかり。／**9**.庭の木から採ったフレッシュココナッツを削って絞るママ。／**10**.同時に3つのカレーを作る。ドライフィッシュ、豆、野菜の3種。／**11**.完成した3種のカレーを盛った家庭のランチプレート。

種々雑多、全てがこの国の個性
インド 〜India〜

この国をひとことで説明するのはムズカシイ

　巨大な土地に入りきらないほどの人口を抱える国。宗教も、州法も、経済も、各地の歴史もまちまちだ。ヒンドゥー教徒の人口は多いが、他宗教も混在している。各国に支配された影響で、街並みや文化が欧州みたいな場所もある。人柄も違うし、気候も治安も食も変わるのだ。動物もそう。とりあえず牛はどこにでもいるし、ヤギに馬にサルに…なんかもう、色々。到着した空港からの移動中に「何日滞在するの？」とインド人に聞かれて「1ヶ月ほど」と答えたら「1ヶ月じゃインドはわからないよ」と笑われた。おっしゃる通り。この国を知るには、世界一周分の時間と労力が必要なんじゃないかとすら思う。

　2度目のインド訪問、前回は日本人が最も行くであろう北側のデリーやその近郊だった。今回の旅では南インドを、東側のチェンナイから南端を経て、時々内陸部に入りつつ西側のムンバイまでぐるっと回った。そして最後は北部のバラナシへ。のどかな南の田舎町と、インド最大の都市、そしてカオスな街へと徐々にレベルアップだ。

南北の食文化の違い

　正確には、東西南北、沿岸部内陸部、全部違う。突き詰めると本1冊必要なので、ざっくり南北、そして珍しいところを紹介したい。どれがカレーかという定義もややこしいので、スパイスが入った汁ものはカレーという体でいく。北のカレーは、簡単に言うと日本人が想像するインドカレー[1]だ。それをもっとオイリーにすると本場、という

※1／南インドのカレー屋も増えてきたが、日本のインド料理屋は大半が北インド系で、店員はインドじゃなくネパールやバングラデシュということの方が多い。

※2／一般的にマトンは羊だが、インドでマトンと言うとヤギを指すことが多い。

感じ。クミンをベースにたっぷりの油を使い、どちらかというと魚は少なく鶏やマトン[2]、または野菜のみであることが多い。日本のカレーをイメージしていると、表面に張った油膜の厚さにびっくりする。

　一方南は、クミンも使うがマスタードがベースになる。ココナッツを多用したサラッとしたものが多いのも特徴だ。肉も食べるが、魚のカレーやスパイス炒めなどもある。1種類だけでも食べるが、ターリーと呼ばれる定食では、何種類ものカレーを混ぜて食べる。しっかりしたものなら10種類以上のってくることも珍しくない。ベジタリアン専門店も多いので、それら全部がベジカレー[3]ということもある。

　ちなみに、ナンは南北どちらもほぼ食べない。米か、全粒粉で作った薄いチャパティが主だ。超大まかにいうと、こんな感じ…かな？

インドでお酒とおつまみを

　「おつまみ」的な料理は果たしてあるのか？ インドの酒場で検証してみた。お酒に厳しい国で、禁酒州もあるが、飲めるレストランやバーも存在する。ホテルの脇などにひっそり存在するバーを発見したら、迷わず突入だ！ 女性一人だと衝撃的に目立つ、なんてのは気にしない。お酒はビールが主だが、インドラムや、味はともかくインドのワインというのもある。特に南インドは魚介が豊富なので、エビやイカのスパイス炒めやフライといった料理とビールとの相性は最強だ。単品で頼めるし、チャパティではなく普通にフライドポテトが付くこともある。そうなればもう完璧だ。ピーナッツと野菜を炒め和えして、レモンでキュッとサッパリ、というおつまみにも出会えた。もちろん、肉のスパイス炒めやフライもある。鶏が主流だが、ヒンドゥー国家でも実は多少牛肉料理もある[4]。やはり珍しいので、見つけたらいつも頼んでいた。スパイスマリネした牛肉料理に、ビールもいいけどラムやワイン…発見出来た日だけの贅沢な組み合わせだ。窯がある店ではタ

※3／人口の約4割がベジタリアンと言われ、南部は特に多い。看板にはベジ、ノンベジの表記があることも。完全菜食主義ヴィーガンの人もいるが、乳製品や卵を許容する人は多く、ベジの店でもチーズのカレーなどがある。

※4／複数の宗教が混雑するインドでは、州によってその対立が強くヒンドゥー教徒の色合いが強いこともある。宗教対立が比較的少ないケーララ州は、ヒンドゥー以外の人向けの牛肉料理が割とオープンに提供されていた。

― India ―

1.マドゥライの巨大なヒンドゥー寺院、ミーナクシー寺院。とにかく沢山の人が参拝にきて混雑していた。／**2.**マーマッラプラムの、落ちそうで落ちないクリシュナのバターボール。落ちないと信じて、岩の陰でお昼寝中。／**3.**バラナシのガンジス川でシャンプー中。／**4.**マーマッラプラムの世界遺産、ファイブ・ラタ。小さな遺跡だけど、人がいないので独占してゆっくり見れる。／**5.**インドの人はなぜかみんな一緒に写真を撮りたがる。手元に知らないインド人との写真がすごい枚数ある。／**6.**たっぷりのオイルが浮いた、北部バラナシのチキンカレー。オイリーだけどお肉柔らかで美味しい。／**7.**南インドのミールス（定食）。写真は全部ベジタブルのもの。

India

野菜だけとは思えない満足感。スパイス使いがすごすぎる。／**8**.バラナシのレストランで。チキンマッカーニ、バターパニール、ガーリックナン、アルーパラタ。／**9**.ムンナールのレストランで。トマトライスとマトンカレー。ちなみにインドではマトンはヤギ。／**10**.ムンナールのバーで頼んだピーナッツマサラ。タマネギ、トマト、コリアンダーにライム…おつまみに最高。／**11**.マーマッラプラムはお酒が飲めるレストランもそこそこあってうれしい。エビのスパイシーマサラ揚げはビールに合う。／**12**.フレッシュなコリアンダーが入った、スパイス香る爽やかピリ辛ビーフフライ。／**13**.珍しいインド産のワイン。パンジャーブ地方で作られた、甘いポートワイン。

ンドリー料理もある。辛い料理に飽きたら、ハーブでマリネした辛くなくさっぱりしたものを選べば良い。スパイスの使い方は無限にある。

　異端の地とも言える、お酒に寛容なゴア州[5]には、カシューナッツやココナッツの蒸留酒などの地酒があり、それらを使ったカクテルも飲める。料理も欧風MIXで、カレーにワインビネガーが入っていたり、オリーブが入ったものなど、カクテルやワインに合わせたくなる料理がたくさんある。豚肉料理[6]が多いのも珍しい。海を見ながら開けっぴろげにお酒を飲み、ゴア料理を楽しむ。インドであってインドにあらずという感じで、滞在中のオアシス的酒飲み場だった。

　禁酒強化の動きもあるようで、今後変わってしまう可能性もあるが、旅人や一部の酒好きインド人のために、そして私のために、スパイス料理×お酒という最高の楽しみをひっそり残してほしいものだ。

▌のどかな港に茶畑に…あれもこれもインド　▌

　人と牛とゴミで混沌とし、汚いしうるさい。そんなイメージがあるかもしれない。バラナシの一部地域はまさにそうとも言える。特に川が増水して川岸を歩けない雨季は、全てが街中に押し寄せてとんでもないことになる。だが南部は、特に沿岸部の街は人も牛も密度が低い。比例してゴミも少ないし、北に比べれば人も静かで穏やかだ。懐っこく親切で、しつこくない。のんびりと旅を楽しむことができる。歴史遺産の多い国だが、観光客数も北部のメジャー都市に比べて少ない分、誰もいない世界遺産を一人独占、そんな機会にも恵まれた。

　そして、インドは有数のお茶の名産地だ。当然茶畑というものがある。港湾都市コーチンで泊まっていた宿のママに、「キレイなところだから絶対行くべきよ！」と推されて訪れたのがムンナールという街だった。海沿いのコーチンから内陸部の高地へ上がると、そこはどこまでも広い茶畑が続く緑豊かな地域になる。小さな街ながら、紅茶に

※5／長くポルトガル統治だったため、独自の文化を形成している。酒造業も盛んで地酒製造量も多い。かつては海外から来るヒッピーの場として知られたが、経済成長とともに現在は中堅層のインド人のバカンス先になっている。

※6／インドで2番目に多いイスラム教徒は不浄として豚肉を食べないが、ヒンドゥーの人も含めて、インドでは豚は汚いとの認識で、食べる習慣はほとんどない。

スパイス、チョコレートと名産品の宝庫だ。自然豊かなので、トレッキングを楽しむこともできる。茶畑をゆっくり眺め、お茶の工場やスパイスガーデンを見学し、ダム周辺の緑あふれる自然で癒される…。排気ガスも人波も牛も無縁の地。これだってインドなのだ。

友人ガイドで巡る、ローカルスパイスマーケット

　首都はデリーだが、最大の都市はムンバイだ。金融、商業などの経済都市で、海外企業が拠点にする街でもある。インド中ではなく、世界中から人々の集まるこの地は、言うなればなんでもある街だ。商業ビル群に富裕層エリアもあれば、巨大なスラムも存在する。

　ムンバイでは、この街出身の友人に案内をお願いした。旦那様がアメリカ人という国際派の彼女とは、日本での某インドイベントで出会った。彼女のインド帰国に合わせての、ムンバイ訪問だった。

　タイトなジーンズに、胸元の大きく開いたタンクトップで彼女は待ち合わせ場所に現れた。インドでは目立つその出で立ちで彼女は市街地もローカルエリアも堂々と歩いた。それが許容されるのもムンバイという街なのだろう。観光地も訪れたが、私の要望で、わざわざ中心地から少し離れた巨大な市場を案内してくれた。野菜の種類や使い方を説明してもらい、無数に並ぶスパイス屋へと足を運んだ。美人でスタイル抜群の彼女、それはもうおじちゃん店員は親切なもので、頼んでも無いものまで様々な商品を出して説明してくれた。

　地域によってインドは料理が違うと書いたが、ムンバイでは各地の料理が食べられる。北、南双方の食事とローカルのケバブも楽しみ、最後はバーへ飲みに行った。洗練された明るい店で、「ムンバイで飲むのは難しくないわ」と彼女は言う。インドの色々が凝縮された街だ。

　行く先々で異なる顔が見えてくるインド。私はまだまだ、この国の全貌を知らない。

— India —

1.シナモンの木。樹皮をめくるととてもよい香りがする。／**2**.地面に這うように実がなるグリーンカルダモン。／**3**.お茶の葉。小さい方からホワイトティー、緑茶、紅茶。それ以上大きいものは捨ててしまうそう。／**4**.130年以上前からある古い茶畑は、碁盤の目のようになっている。／**5**.インドでカクテル、なんか違和感。ココナッツのFenny（蒸留酒）が使われているもの。／**6**.お酒に寛容なゴア。もちろん気軽に買える。インドのFennyやラムが安くておいしい。／**7**.ゴア風のローストラム。ビネガーやオリーブを使いつつ、コショウやカレーリーフで香りと刺

— India —

激を。ラムが柔らかでおいしい。／**8**.海沿いにあるバー。女性の服装もカジュアルで、みんなお酒をガシガシ飲んで酔っている。インド以外のビーチリゾートと同じ感じ。／**9**.世界遺産にも登録されているゴシック造りのムンバイ駅。駅周辺にも同様の建物があって、一帯がカッコいい。／**10**.スパイス屋が並ぶ通り。笑顔のおじちゃん、色々説明してくれてありがとう。／**11**.大都市ムンバイは、地方都市に比べてお酒が飲める店が多い上、明るくおしゃれ。／**12**.友人曰く、3,000〜4,000種類もあるというインドのお米。地域や宗教によっても変わるのだそう。

025

スパイスとお酒の聖地はこの国!
ネパール 〜Nepal〜

喧噪を抜けた先、そこは天国だった

　インドからネパールに入国した途端、雰囲気はがらりと変わる。道路を歩く牛の数が激減し、ゴミも減り、人や車が静かで、ジーっと観光客を凝視する人がいなくなる。客引きがしつこくなく、お酒に寛容[1]で飲み屋の照明もちゃんと明るくて…あぁ、なんて平和なんだろう！としみじみ。バラナシが濃すぎた反動で、ネパールは天国に見えた。

　インド国境から近い、ブッダ誕生の地と言われるルンビニから首都カトマンズ、ヒマラヤの麓街ポカラと3都市を巡った。物価も安く、1泊500円以下で泊まれたカトマンズの宿のおかげもあって、ゆるゆる滞在期間を延ばしてしまった。どこも魅力的で、自然も寺院も美しく、快適な滞在だった。天井に頭をぶつけるほど揺れ、爆音で映画や音楽を流して走るバス移動を除けば完璧だ。

多彩な食文化を持つネパール、でもダントツ人気は…

　インドと中国に挟まれた国ネパール。小さいながら、インドや中国、チベット系の人たちをはじめ、数えきれない程の民族が混在する超多民族国家[2]だったりする。当然その食文化もバラエティに富んでいる。焼きそばのようなチョウメン、スープ麺のトゥクパ、蒸したり揚げたりして食べる餃子のようなモモ、お肉のスパイスBBQセクワなどは主力選手だ。

　とにかく多種多様な料理があるのだが、ぶっちぎりで愛されている料理がある。それがダルバートだ。毎日、毎食でもこれでOKという

※1／宗教的に飲まない人もいるが、地酒を作る文化がある民族など、お酒好きな人もいる。観光客が店で飲んだり購入したりするのに支障はない。

※2／少数民族も合わせると数十もの民族が入り交じり、人種も異なれば、カーストの序列もあったりと複雑な文化を形成している。

ネパールの人は少なくない。ダル＝豆、バート＝米という意味で、スパイスで煮込んだ豆のスープとごはん、それにタルカリというスパイス炒めとお漬け物的存在のアチャールをワンプレートにのせた定食のようなもの。タルカリやアチャールは様々な具材や調理方法があるので、日本で言うとダルがお味噌汁で、オカズとお漬け物が色々変わるような感じ。スパイスづくしなので、日本人からするとカレー定食みたいな印象を受けるかもしれない。

　泊まっていた宿でも、スタッフの食事は大抵ダルバート、時々カレーといった感じだった。旅定番になった、宿ママのごはん教えて！の際も、作ってくれたのはやっぱりダルバート。ママが作ってくれたのは、ダルにジャガイモメインの野菜MIXとゴーヤのタルカリ２種、大根のアチャールがセットになったダルバート。はい、今回もしっかり教えてもらって、ちゃっかりごちそうになりました。辛さ控えめで優しい味、確かに毎日でも食べられるかも。おいしかった！

これぞローカル！地元の人のみぞ知る隠れ家的酒場

　カトマンズでは、友人を介して現地で働いている日本人を紹介してもらった。「これから行きます！」と一報だけ入れて、彼の職場を訪れた。いきなり来て「ネパールのローカルフードが食べたいの！」と図々しくも超適当なリクエストをした私に、親切な彼は一生懸命観光と酒場巡りプランを考えてくれた。なんともありがたい話である。

　彼は、同じくカトマンズで働いているという日本人をたくさん紹介してくれて、在住者の目線で見るネパール事情を色々教えてくれた。観光案内をしてもらい、飲みに行ったり、自転車を借りてサイクリングに行ったりと、ちょっとした海外在住気分を味わわせてもらった。

　そんな中、彼らの中でもネパール歴の長いベテランさんが、私の希望を叶えるべくローカル酒場巡りを実現してくれた。地元の人のみぞ

— Nepal —

1.ポカラの街から見える、ヒマラヤ山脈の一角マチャプチャレ。／**2**.ダルバール広場の寺院群。／**3**.ブッダ生誕の地と呼ばれるルンビニにある菩提樹の木。／**4**.巡礼地ボダナートにあるネパール最大のストゥーパ。／**5**.世界遺産の街パタンの街並み。／**6**.お米ではなくそば粉を練って作ったディード(dhendo)のダルバート。／**7**.中にお肉がたっぷり詰まったモモ。蒸してスパイシーなタレを付けて食べる。／**8**.ちょっぴり甘辛い

Nepal

ネパールの焼きそば、チョウメン。／**9**.2種のタルカリとアチャールがセットになった、宿ママのダルバート。／**10**.水牛のセクワと野菜のサデコ、干し飯のチウラを添えて。／**11**.スパイスでしっかり臭みが消えたナマズの煮込み。／**12**.珍味！とろける食感とスパイスがたまらない水牛の脳みそ、ギッティ。／**13**.お米を発酵させたどぶろく的なお酒、チャン。微発砲で飲みやすい。

知る、といった路地裏のネワール料理店[3]だった。

　最初に訪れたのは、世界遺産にも登録されているパタンという街。雰囲気ある街並を抜け、たどり着いたのは看板もない1軒のお店。外からでは飲食店かどうかも分からない店は、実は地元客で溢れる超人気店。まさかの2階まで満席で、ここでもよければ…と通してもらったのは、なんと自宅スペースの一角にあるお祈り部屋！ 生活感溢れるお祈り部屋で、床に座ってビールで乾杯。宅飲み状態の部屋に、お酒とネワール料理がどんどん運び込まれてくる。スパイスでマリネした野菜のサデコに、水牛[4]のスパイス焼きセクワ。頭の皮やタンといった部位を使ったセクワは、ホルモン好きにはたまらない珍味。お酒のアテとして最高すぎて、みんなでしこたまビールを飲んでしまった。

　場所をボダナートという街に移しての2軒目、今度は完全に住宅地の真ん中、同じく目印のないお店。「観光客が来て地元の人が入れなくなると店の人に怒られるから、場所は絶対公開しないで！」と念を押されるほど、こちらも地元の超人気店だった。そもそも、もはや説明できるような場所ではないので、心配無用なのだけど。

　こちらではさらにディープな料理を楽しんだ。水牛の干し肉スクティに、脳みそのギッティ、ナマズの煮込みに、発酵タケノコのアルタマスープなどなど。初めての料理に大興奮、どれもスパイシーで絶品だ。合わせるお酒も地酒へ変更し、ひえの蒸留酒ロキシーに、お米のどぶろくチャンなど、どっぷりネワールの食文化に浸った。

　みんなお酒が強い強い…、結局4軒目までハシゴし、ネワール料理を一晩で網羅するんじゃないかというほど食べ、飲んだ1日だった。スパイスとお酒をこよなく愛する人にとっては、間違いなく聖地のような国、ネパール。素敵な体験をさせてくれたみんなに感謝！

※3／古くからカトマンズ一帯に居住しているネワール民族。食文化だけでなく、建築や工芸など芸術方面でも特有の文化を築いている。

※4／ヒンドゥー教徒が多いため牛肉はほとんど食べないが、バフ（buff）と呼ばれる水牛は食用として用いられる。独特の歯ごたえがクセになるおいしさ。

遊牧国家で大自然とグルメに浸る
キルギス ～Kyrgyz～

旅のベテランが集う国

　自然豊かな遊牧の国キルギスは、ロシア語が公用語の旧ソ連国で、英語がほぼ通じない。すべての表記がキリル文字なので、道路標示、看板、飲食店のメニューまで全てが読めず、旅初心者にはややハードルがお高め。そこで頼ったのは「日本人宿」と呼ばれるところだった。日本人宿と言っても、日本人に有名だというだけで、運営しているのはカタコト英語のキルギス人なのだけど。私が宿泊したのは、言葉が通じないというハードルをものともしない、ベテランの日本人パッカーが集っている幸運なタイミングだった。上手な旅の仕方をお勉強させてもらいつつ、大自然と郷土料理を満喫したキルギスの旅。

キルギス料理とロシア料理

　キルギスの首都ビシュケクは、中央の大きな広場や、銅像が立ち並ぶ公園など、旧ソ連時代の面影が残る街だった。食文化も然り、シンプルな遊牧料理だけでなく、ボルシチ[1]やロシア版の餃子ペリメニなどのロシア由来の料理も主流で、スメタナ[2]というロシアのサワークリームは、バケツサイズでスーパーで売られている。そうかと思うと、その横ではキルギスらしいちょっとオイリーな肉や野菜の煮込みや、ラグマンという定番の麺料理、具を生地で包んで焼いたサモサ、羊や牛を煮込んだスープや串焼きのシャシュリクといった料理が並んでいたりする。イスラム教徒が多いものの、ロシアのウォッカや、遊牧民の地酒文化もあいまって、意外とお酒には寛容な国でもある。お酒を

※1／ビーツが入った鮮やかなピンク色のスープ。キルギスではビーツがたくさん出回っていて、サラダなどでもよく食べられる。

※2／ロシアのものだが、キルギスでもとても好まれている。ボルシチやペリメニに添えて、また野菜と和えてサラダにするなどして食べる。

── Kyrgyz ──

1.15kmの道のりを歩き、ようやく見えてきたアルティンアラシャン。建物がぽつぽつあるだけの小さな村。／
2.颯爽と坂道を駆け下り、あっという間に見えなくなる馬。／**3**.旅友がチョイスした宿は移動式テントのユルタ。夜寒すぎて毛布を追加してもらって寝た。／**4**.ようやく到着した標高3,200mにあるアラコル湖の絶景。奥に連なるのは天山山脈。／**5**.2大市場の一つ、オシュバザールに並ぶ、料理用のミックススパイス。／**6**.ジャガイモと骨付き羊肉を油で炒め煮にしたクールダック。奥は炊き込みご飯プロフ。油たっぷりこってり。／

032

Kyrgyz

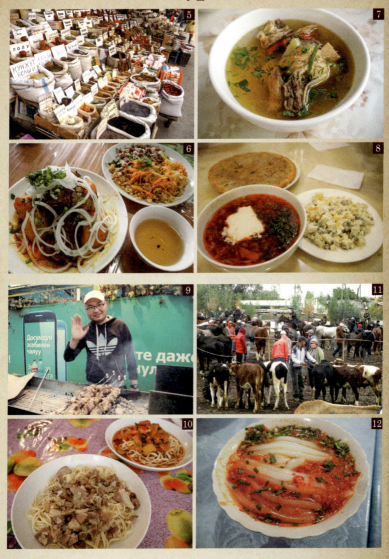

7. 骨付き肉をじっくり煮込んだスープ、ショルパ。羊スープは脂少な目でさっぱりシンプルな味。／**8.** ロシア料理定番ビーツのスープボルシチ。奥はゴシナンというウイグルのミートパイ。／**9.** 巨大なBBQ串シャシュリクを炭火で焼いてくれたお店のお兄さん。／**10.** 提供しているお店を探して食べたベシュバルマク。奥はキルギス定番麺料理のラグマン。／**11.** カラコルのアニマルマーケット。リアルなドナドナの世界を見ることができる。／**12.** 辛酸っぱいトコロテンのような冷麺、アシュランフー。

飲みつつ、キルギス料理を主食に、副菜にロシア料理を、というちょっと変わった食の楽しみ方もできる国だ。

■ 人生初、着いて行ったら3,000mを越えていた！

　少し立ち寄る程度に考えていた滞在は、宿での出会いによって、キルギスの大自然を駆け巡る体力勝負の旅へと変貌を遂げた。

　宿で出会った先輩方が、アラコル湖なるところに行くという。「めっちゃキレイらしいよ！」と聞いて、ついつい「私も一緒に連れてって！」と、きちんと調べもせず、同行することにしたのだった。キルギスの西側、カラコルという街を経て、まずはアルティンアラシャンという小さな村で1泊し、湖を目指す。乗合バン[3]で行けるところまで移動し、そこからは徒歩。標識を見て目を疑った。村までの距離、なんと…15km！　旅慣れた先輩方から「ピクニック」と聞いていた道のりは、これが初トレッキングとなる私にとって、過酷な「登山」だった。ノリと勢い任せの旅も、時に考え物である。

　美しい渓流に癒されながら、遠征分の荷物を詰めたパックを背負い、無心で歩く。馬が颯爽と駆け抜けて行く風景に大興奮しながら、一人遅れをとりつつも、なんとか日没前に村へとたどり着いた。村のユルタ[4]で1泊し、この地に湧く温泉で疲れを癒す。秋のユルタは猛烈に寒く、翌日そそくさと室内のベッド泊に切り替えた。

　翌日の道のりは、さらにハードだった。湖は、さらに登った山の上。緑あふれる自然を抜け、景色は徐々に草木がなくなり、息を切らしてたどり着いた最後の難関は、岩が転がる急勾配。四つん這いにならないと登れない坂を、湖を求めて気力だけで必死に這い上がった。ようやく、ようやくたどり着いた先にあったのは、延々と続く天山山脈と、エメラルドグリーンのアラコル湖が広がる感動の絶景だった。途中で折れずに登りきって、本当に、本当によかった！　標高は約3,200m、

※3／バスもあるが、マルシュルートカという乗合バンが交通手段の主役。ルートが複雑なので、ビシュケクでは専用アプリも存在する。

※4／伝統的な遊牧民の移動式住居。折りたたみ式の格子状の木材などで組み立てた建物にフェルトを巻き付けて建てる。

人生初の3,000m越えトレッキングだった。

自然広がる地方都市で、遊牧料理を食べ尽くす

　地方の街や村は、とにかく広大でのどかな大自然が広がっている。湖に馬が水を飲みに来ている場に遭遇したり、実際に馬で高原を走ったり、家畜市場[5]にうっかりビーサンでつっこみフンまみれになったり、都市部とは違う体験をしながら、いくつかの街にゆっくり滞在した。

　宿では、野菜の水分と塩だけで肉を煮込んだディムダマや、野菜とお肉のたっぷり入った炊き込みご飯プロフなど、シンプルなのに奥の深い、キルギスらしい料理にもたくさん出会うことができた。

　とある宿では、ママにお願いして炊き込み御飯のプロフを教わった。ニンジンとタマネギ、お肉を入れ、じっくり時間をかけて旨味を引出し、それをお米に吸わせていた。たっぷり油を使うのでちょっとオイリーだが、塩とクミンだけとは思えない深い味わいだった。

　その日シメたばかりの羊で作るベシュバルマクは、遊牧民ならではのごちそうだ。丸々一頭分の骨付き肉を、ダイナミックにぐらぐら煮こみ、手打ちの麺と合わせた料理。宿で作っているところを見れたが、「予約したお客さん専用料理なんだ！」と、あえなく撃沈。おなさけでスープだけ味見させてもらった。絶品だったスープが忘れられず、諦めきれずになんとか店を探してありついた。塩だけの味付けとは思えない、濃厚で臭みのない羊の旨味は衝撃を受ける一品だった。

　多民族国家キルギスでは、さまざまな民族料理も存在する。中央アジアには辛い料理が少ないが、カラコルではアシュランフーという酸っぱ辛いところてんのような麺料理も存在する。

　素朴ながらなぜか恋しくなる料理が多かったキルギス、大自然に体力も鍛えられた国。出会った旅仲間の1人とは、そのまま一緒にお隣のウズベキスタンへと国境を越えたのだった。

※5／カラコルの街では、毎週日曜日の午前中開催されている。羊、馬、牛など様々な動物が売買され、動物と共に生活するキルギスの生活が垣間見える。

砂漠の中の近代国家
アラブ首長国連邦 ~United Arab Emirates~

大都市ドバイで夜景とアラブ料理を

　7つの首長国で構成されている連邦国家、アラブ首長国連邦。有名なドバイは、首長国の1つ。国民の8割以上が外国人で、インド料理店など各国料理の店が多いが、レバノン料理を中心にアラブ圏の料理も食べられる。高いレストランやホテルのバー以外では酒類の提供がほとんどないので、好きな人はコストがかさむ。私はというと、ホテルのバーで集まっていたアラブの富豪さんたちにちゃっかりお酒をごちそうになっていたのだけど。

1.何かとスケールの大きなドバイ。シンボル的建築物でもある、世界一の高層ビル、バージュ・ハリファ。／2.豆のコロッケ、ファラフェル。そのままでも、パンに挟んだりしても食べる。中東・アラブではメジャーな料理。／3.アラブの国でも生肉を使った料理が存在する。肉に挽き割り小麦とスパイスなどを練りこんだキッベ。

1.スパイスピラフ、チキンのマクブースとオマーンのライス色々。レバノン風、様々なスパイスで炊いたライスを混ぜたビリヤニライス、マクブースで使われるサフランを使ったマンディというベーシックなものがある。アラビックカレーなどとも合わせて食べたりする。／2.フィッシュマクブースを頼んだら、食べきれないサイズの巨大魚がのってきた。／3.なつめやしの実、デーツの名産地オマーン。アーモンドが挟まったデーツは甘さと香ばしさが相まって美味。／4.ダイバーには有名な透明度の高い海。オレンジがかった岩の合間に透き通った海水が入り込んだ美しい入り江。

自然も建物も食もCoolな中東の国
オマーン 〜Oman〜

迫力ある大自然が織り成す景色は圧巻！

　アラビア半島の中でも治安が安定しており、石油輸出で潤う国オマーン。広大な国土に、少ない人口。車社会の国で、整備された広い道路をかっとばして走っている。白を基調とした建物や、至る所で見られるたわわに実を付けたデーツの木々、沿岸部の要塞などが作り出す街並みは美しい。年間を通して雨がほとんど降らず、乾いた大地と青い空、透明度の高い海が創り出す雄大な自然がカッコイイ国だ。

世界遺産が美しい、中央アジアの親日国
ウズベキスタン ～Uzbekistan～

陽気で親切な人たちと、美しい歴史遺産

　キルギスと同様、中央アジアに位置する旧ソ連の国ウズベキスタン。明るく懐っこい人が多く、日本については、なんとなくスゴい国、という印象を持っている人が多いようだった。「ヤポン（日本）？」とか、「おしん[1]！」と声をかけられたり、一緒に写真を撮ったり。飲み屋に行けば話しかけてきたりお酒をごちそうしてくれる人もいたりして、旅をしていて気持ちのよい国だった。

　シルクロードの要衝地でもあったウズベキスタンには、古くからの街並みやイスラム建築が残る。青の都として知られるサマルカンドをはじめ、ヒヴァにあるイチャン・カラという旧市街、中世の街並みが残るブハラなどは世界遺産にも登録されている美しい街だ。

イチャン・カラで結婚式に潜入！

　城壁に囲まれた旧市街、古い建物や街並に、時代をタイムスリップしたかのような世界観を感じるヒヴァのイチャン・カラ。人も少なく、ライトアップされた夜の景色は、まさに異世界のような美しさだった。イスラムの神学校マドラサやモスク、ミナレット[2]や霊廟などの建物だけでなく、刺繍や彫刻などの工芸品を作っているところも見学できたりと、散歩をしていて飽きることがない。

　城壁の外は当然普通の街並が存在しているのだけど、世界遺産に指定されている城壁内は管理された区画…かと思いきや、旧市街の端の方は、住居として使われていた。そこから音楽が聞こえたので、気に

※1／ウズベキスタンでは、日本のドラマ「おしん」が大ブレイクした。日本人だと分かると、真っ先に「オシン！」という人も少なくない。

※2／モスクはイスラム教徒の礼拝施設。ミナレットはそれに付随する塔で、礼拝時刻になると、「アザーン」という礼拝の呼びかけを塔から流す。

なって行ってみると、地元の人が結婚式を挙げているところだった。
「中へ入って入って！」と、そこにいた人に促され、室内へと通されてしまった。部屋には赤い大きなカーテンがかかり、その向こうのベッドで新郎新婦が寝ている、と言うのだ。何事かと思うほど、カーテンの前ではたくさんの人たちが大盛り上がり。実は結婚式の儀式の一環で、新郎新婦が同じ布団で寝た（フリをする）ところを、周囲が冷やかすというのが慣例なのだそう。陽気な彼らと一緒に盛り上がり、新郎のお母様と写真も撮り、プロフや果物など、ちゃっかりお祝いの席の料理までいただいてしまった。お幸せに、そしてごちそうさま！

ウズベクごはんは食べ過ぎ飲み過ぎ要注意

　ウズベキスタンの郷土料理は、炊き込みご飯のプロフや、肉と野菜の麺料理ラグマン、肉や野菜を薄い生地で包んで蒸したマントゥに、小麦の生地で具を包んで焼いたサモサなど、お隣キルギスとかなり似ている。丸く大きなナン（パン）は、地域によって厚くフワッとしたものから、薄い生地に専用の器具で綺麗な模様を付けたものなど、地域によって作り方が異なるので、各地で食べ比べると面白い。

　そしてこの国もキルギス同様、イスラム教徒が多いながらもお酒に寛容だ。ビールの種類も多く、アップルコニャック[3]というのも、これまた格安でおいしい。小上がりになっているチャイハネ[4]スタイルのお店では、ついくつろいでお酒片手に長居してしまうことも。

　滞在中に一番食べた、お酒に合う料理が串焼きBBQのシャシュリクだ。提供している店も多く、羊・牛・鶏に野菜串など、種類も色々ある。中でも、しっかりこねられたつくね串は、ジューシーで最高！お肉でオナカいっぱい、という幸せを実現できるのだ。

　見どころが多いだけでなく、うっかり連日飲み過ぎてしまう、ご飯とお酒の美味しい困った国だ。

※3／リンゴのブランデー。本来コニャックはフランスのコニャック地方でブドウから作られたものを指すが、この国ではこれもコニャックと呼んでいた。

※4／茶屋や喫茶店という意味で、中央アジアやイラン、トルコなどで見られる小上がりのお座敷。ウズベキスタンではチャイハネでお酒が飲める店も多い。

— Uzbekistan —

1.サマルカンドにある、一面に青いタイルが貼られたシャーヒズィンダの廟。／**2**.イチャン・カラの東門。昔は奴隷市場だった、別名「奴隷の門」と呼ばれるところ。現在はバザールになっている。／**3**.ミナレットの展望台からイチャン・カラの旧市街の夕景を一望。／**4**.チャイハネに座って黙々と細かい刺繍を施していく。／**5**.木の彫刻製品もヒヴァの名産。チャイハネの台座部分に素敵な彫刻を掘っているところ。／**6**.お邪魔した結婚式にて、みんなに冷やかされてちょっとテレる新郎新婦。／**7**.お肉・野菜・パンなど、種類も豊富なシャ

— **Uzbekistan** —

シュリク。／**8**.具材が色々入ったサモサやシャシュリクは屋台でも手軽に買える。／**9**.ヒヴァのミルザボシという店で食べたシュヴィト・オシュ。香草が麺に練りこまれた、ホラズム地方の郷土料理。／**10**.ごはんに羊のハンバーグをのせたビフシュテクス。奥は定番の麺料理ラグマン。／**11**.サワークリームとハーブがたっぷりかかったマントゥ。／**12**.格安で飲めるビールは、瓶・缶・ペットボトルだけでなく、サーバーから注いでくれる店もある。／**13**.ゆったり足を伸ばしてくつろげるチャイハネ。

041

イスラムの世界は驚きの連続
イラン ～Iran～

観光客も対象、ムスリム国家の制約

　イスラム原理主義政権の国イランは、観光客であっても一定の規則を遵守しなければならない。お酒は購入どころか持込みも禁止。女性は体のラインが出ない、お尻の下まで隠れる長袖の上着を羽織り、髪を隠すスカーフ着用厳守である。夜行バスの車内でも、宿の共有スペースや通路へ部屋から出るときも、炎天下の観光地がいかに暑くても、上着とスカーフが必須だ。カザフスタンからイランへ向かう飛行機の機内で、しばらくサヨナラすることになる最後のワインを飲み、着陸アナウンスと同時に上着を羽織って、頭にスカーフを巻いた。

日本人があまり知らないイラン事情

　日本人にとっては馴染みの薄い国、イラン。知らないことはたくさんあるけれど、旅をするなら知っておきたいプチ事情。

　まず、イランはアラブの国[1]ではない。アラブの大国サウジとは犬猿の仲だ。「イランってアラブでしょ？」とかうっかり言うと、「私たちは彼らとは違う！　一緒にしないで！」と返ってくる。

　言語も、イランはアラビア語ではなくファルシ、ペルシャ語だ。どちらも右側から読むミミズのような文字で、素人には読めないし、ペルシャかアラブかなんて分からない。が、覚悟を決めて覚えざるを得ない文字がある。それは数字。商品や食事の金額、宿の部屋番号にバスのチケット、とにかく全てがペルシャ文字。がんばって西洋数字で書いてくれる人もいなくはないが、やはり読めないと相当キツイ。も

※1／アラビア半島と、北アフリカの数カ国を指す。イランは隣接しているだけで含まれない。

※2／西暦ではなく太陽暦を使用している。

っとも、バスチケットの日付などは、読めたところでイラン歴[2]表記なので、理解できずお手上げ状態にはなってしまうのだけど。

ホスピタリティNo.1の国はイラン？

なにかと慣れない慣習が多いが、じゃあ困るかというと、なんとかなるのがイランのすごいところ。「旅行者には親切に」というイスラムの教えもあってか、イラン人は異常にホスピタリティが高く、彼らもそれを誇りに思っている。日本人は「おもてなし」と言ったりするが、正直比ではないほどの非日常的な事態が日々起こるのだ。

道を聞けば確実に誰かが教えてくれるし、そのまま分かるところまで案内してくれて、ついでに荷物まで運んでくれる。目的地まで一緒に来てくれることもあれば、宿の交渉に付き合ってくれたり、もらったお菓子に果物などは数知れず。しまいには自宅にご招待なんてことも珍しくないから驚きだ。笑顔で人なつっこいイランの人たちが、困ったらまぁなんとかしてくれる。構えず気楽に、数ある絶景や世界遺産などの見どころを満喫できる国なのだ。

旅行者までもがなぜか優しい！便乗旅とホームステイ

最初に訪れた街シーラーズでは、巨大なバザールや美しいモスクに庭園と、古く美しい街並を楽しんだ。街自体が世界遺産という2都市目ヤズドでは、砂漠の中に広がる古都の景色が興味深くて、街中を歩き回った。イラン人の笑顔が笑顔を呼ぶのか、なぜかあっちこっちでホスピタリティ満載の旅人たちにも恵まれた。たまたまモスクで、そして宿で出会った旅人たちと、彼らのチャーターした車で一緒に郊外遺跡を巡ることができたのだ。2都市続けて、それもちゃっかりタダ乗りで！ タクシーか、高額ツアーか？ と思っていた古代遺跡ペルセポリス[3]や、ゾロアスター教の鳥葬の地[4]といった史跡を、優しい旅仲

※3／アレクサンドロス大王によって破壊された、古代ペルシア帝国の都。シーラーズ郊外にあり、世界遺産に指定されている。

※4／衛生上、現在イランでは禁止されているが、かつては鳥葬が行われていた場所がヤズド郊外にある。半世紀ほど前に行われて以降、使われていない。

— Iran —

1.朝日が入る時間帯に、ステンドグラスがモスク内部に美しい模様を浮かび上がらせる、シーラーズのピンクモスク。／**2**.内部がミラー張りになっている。アリーエムゼハムゼ霊廟。万華鏡のように反射して美しい。／**3**.古代ペルシア帝国の都、ペルセポリスの遺跡。かなり崩壊してしまっているが、当時の規模を垣間見ることができる。／**4**.シーラーズ最大の市場、ヴァキール・バザール。迷子になるほど広い。／**5**.ケバブ屋のショーケース。／**6**.アーブグーシュトという、素焼きポット（ディズィー）で作る伝統の煮込み料理。／**7**.ラヴァシュと

— Iran —

いうイランの薄焼きナンの上に乗せて運ばれてきたケバブ。／**8**.気さくに話しかけられて、合流した同じレストランにいた旅行者。色の順番違いの国旗…難しい。ロシアとオランダの人たちでした。／**9**.4000年も前から存在した古都ハラーナク。現在の姿は千年ほど前に作られたものだが、人々の移住により廃墟となっている。／**10**.ゾロアスター教徒の聖地、チャク・チャクにある礼拝用の香台と聖火。

045

間に引き連れられて、和気あいあい見て回った。

　旅人運気は上昇気流にのり、次に訪れたイスファハンでは、ついにお宅訪問という貴重な機会に巡り会えた。それも、イラン人の旦那様に嫁いだ日本人女性がいるお宅！　イランの日常生活を、日本語で知ることができた、ありがたい体験だった。

　お邪魔したお宅では、足を踏み入れて早速、イランらしい豪華な家具に圧倒された。お母さんから食事の差し入れもいただき、温かいおもてなしに、緊張もほぐれていく。イランの名産サフランや、お父さんが作った自家製ヨーグルト、家族総出で処理したたっぷりのハーブなどを使った、手間ひまかかる家庭料理を楽しませてもらった。

　イスファハンの歴史や文化に詳しい旦那様に、世界遺産のイマーム広場をはじめ、イランでは珍しい教会[5]などの名所を案内してもらい、奥様に日本語で通訳をしてもらうというなんとも贅沢な滞在。美しい伝統工芸にも触れながら、ライスプディングにアイスにと、定番スイーツの数々までごちそうしてもらって、街歩きを楽しんだ。

▎料理教室で花嫁修行に混ざってみた

　「イランの食を知りたい！」という私の話を聞き、「明日、料理教室行ってみる？」と、トントン拍子で話が進む。旦那様の妹さんが、なんと料理教室の先生をしていたのだ。突然の申し入れを快く引き受けてもらい、花嫁修業に来ている若い女性に混ざって参加した。「未婚の女性の顔は撮っちゃダメよ。手だけね！」という、イランルールを確認しつつ、珍しい食材を使う料理を記録させてもらった。

　この日のメニューは、この地の伝統イラン料理だった。サフランなどのスパイスやハーブ、ザクロにプラム、ローズウォーター…奇抜ともいえる食材が次々登場。デザートに牛肉を入れた時にはさすがに驚いた。いやいや、それは…という食材の組み合わせが、ちゃんと美味

※5／イスラムの国ではあるが、他宗教の信仰も一応認められている。かつてアルメニア人居住区だったエリアには、複数の教会が存在する。

しくなったりするからイラン料理は奥が深い。

　料理教室の後は、妹さん宅にご招待いただいてのランチタイム。ゲストが来ていると聞いて、お友達までもが、わざわざ手料理を差し入れに来てくれた。オナカもココロも満たされた体験だった。

　素敵な滞在、ご好意に甘えて、延泊しちゃってごめんなさい！

▎出会いは長距離バスの中、またまたお宅にお邪魔します！ ▎

　バスの中で、突然隣の席の美女から、「家に泊まりにきて！」と言われたら、あなたはどうするだろうか。そんなことが起こるのがイラン、そしてそれに乗っかってしまうのが私。10歳ほど年下の好奇心旺盛な美女の熱烈なご招待を受け、次の目的地ハマダーンへ到着すると、そのまま家族と暮らす彼女の自宅へ向かったのだった。

　観光に、ご飯に、買い物にと、ここでもフルコースのおもてなしを受けた。優しいパパは、おススメのレストランで、郷土料理をオナカいっぱいごちそうしてくれた。友達とのドライブでは、イランの若い女のコたちのリアルな生活が垣間見られ、とても面白い滞在だった。

　結婚を間近に控えていた彼女から、「イランでは、結婚するまで親抜きで2人でデートもできない[6]のよ。日本はどうなの？」と聞かれて驚いた。やっぱり、なかなか制約の多い国なのだ。そんな彼女は、私の滞在中にフィアンセを自宅へ招いてのホームパーティーを開いた。もちろん親同席、堂々と彼に会う方法の1つなのだ。料理の準備もそこそこに、服にネイルにと気合を入れる姿が可愛らしかった。

　ママの手料理に、パパが買って来たたくさんのケバブ、そして禁酒の国なのでノンアルコールビール[7]で乾杯した。彼女が唯一作った手料理は、サフランたっぷりのスイーツだった。

　たくさんの出会いがつないでくれた、濃厚なイランの旅。そのホスピタリティがいかほどか、是非一度訪れてみてほしい国だ。

※6／親なり友人なり、誰かが一緒で2人きりでなければOK。恋愛結婚も多い。結婚式までに式や家、宝飾品など、家族ぐるみで決めることが多数ある。

※7／ビールはもちろん飲めないが、ノンアルコールビールは普及している。フルーツフレーバーのものなど、種類がとても多い。

— Iran —

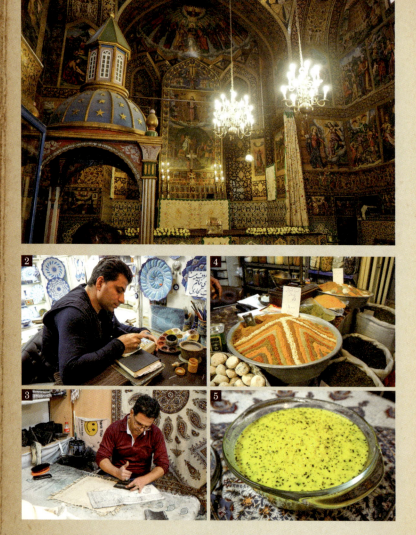

1.イランにある数少ない教会の一つ、ヴァーンク教会。鮮やかな色で描かれたフレスコ画が美しい。／2.イランの細かい柄が描かれた装飾皿に絵付けをする絵師さん。／3.型で一つ一つ柄を付けていく布の職人さん。／4.市場のスパイス屋で売っていた、ミックススパイス。どうやってこんな模様作るんだろう。／5.イランの家庭料理。お米にヨーグルト、サフラン、コショウにミントという、想像しがたい材料だけど、さっぱり美味しい料理。／6.ひき肉にたっぷりのミントを加えた、イランのハンバーグのような料理、ベルユン。型に詰めて火にかける。／7.焼きあがったベルユン。ミントたっぷりな

048

— Iran —

のに、香りはキツくなく、お肉の臭みが消えてちょうどよい。**8**.ヨーグルトにサフラン、ローズウォーターなどと、ペーストにした牛肉を混ぜて作った伝統スイーツ。肉臭さはなく、意外に美味。／**9**.お友達が差し入れてくれたアーシュ・レシュテ。ハーブや野菜、豆などを煮込み、アーシュという麺を入れた、手間のかかる料理。／**10**.ハマダーンのモスク。／**11**.イランでは、なべ底にジャガイモをひいてお米を炊き、カリカリになったイモとオコゲを楽しむ料理がある。／**12**.ハマダーンの郷土料理を囲んで。バスで声をかけてきたイラン美女と、優しいお父さん。／**13**.お父さんが買ってきたケバブ。

049

複雑な歴史が創り出した、複雑な食文化
アルメニア 〜Armenia〜

2度あることは何度でも、世界は広いが世間は狭い

　イランの首都テヘラン発アルメニア行きのバスに、私は途中の街から乗り込んだ。車内で発見したのは、見覚えのある長い白髪に、たっぷりのヒゲを生やした2人組。バスに宿にと、イランで3度も「たまたま」遭遇したアルメニア人兄弟だった。ご縁は続くよどこまでも、これが双方驚愕の4度目の再会。「遠慮せず家に泊まっていきなさい！」と再会を喜んでくれた彼らの勢いに押され、そのまま首都エレバンのお宅に転がり込むことに。当時66歳と68歳という、自分の父親よりも年配の、この旅最年長ホストだ。日本人とひげ面のおじちゃん2人という奇抜な組み合わせは、街中でもちょっと浮いた。

　そんな彼らは、観光案内に食事にと、一式面倒を見てくれた。話好きで酒飲みな私に、ストックのワインを開け、連日全力で晩酌にも付き合ってくれた。結局1週間も、お宅に居着いてしまったのだった。

侵略と破壊の歴史を持つ、キリスト教とともにある国

　首都エレバンは、芸術の街だ。オペラハウスで連日開催されるバレエやオペラ、コンサートは、千円程度で手軽に楽しめる。芸術の宝庫カスケード・コンプレックスでは、多くの作品が見られる他、彫刻の施された外部階段からは市内から遠くのアララト山[1]までを一望できる。

　世界で最初にキリスト教を国教にした国でもあるアルメニアは、イスラム圏の隣国とはがらりと変わり、ヨーロッパのような雰囲気を持っている。街並みは美しく、歴史ある教会[2]も多く存在する。南部に

※1／ノアの箱舟が漂着した場所との説もある、キリスト教国家アルメニア人の聖地ともいえる山だが、現在はトルコ領になっている。

※2／エレバンは世界最古の都市の一つ。世界最古と言われる教会や天文台など、古代からの建造物や史跡が数多く存在する。

ある街タテヴでは、ロープウェイに乗って、アルメニアで最も美しいと言われる修道院を訪れることもできる。

　山あいにある小さくも美しい国ではあるが、その歴史は、ローマ帝国・ペルシャ・トルコ・モンゴル・ロシア…と、名だたる大国による侵略と支配に触れずには語れない。数多くの歴史問題を抱え、現在も隣国とはめちゃくちゃ仲が悪い。エレバンの歴史博物館では、古代の王国時代を最盛期として、年代を進む毎に領土図が縮小していき、ついにはなくなる、というなんとも切ない経緯を見て行くことができる。ディアスポラ[3]により世界へ分散し、国内よりも国外の方が多くのアルメニア人が住んでいる、という特殊な国でもあるのだ。

アルメニアで世界各国の料理を楽しむ

　その歴史が故に、アルメニア料理は、各国文化が融合した賜物だ。トルコ式のケバブやスープもあれば、イラン同様にラバッシュという薄焼きパンもよく食べる。中東の豆コロッケ、ファラフェルのサンドに、未承認国家[4]ナゴルノ・カラバフ料理…なんでもござれだ。

　ジョージアと同じく、古くからワインのメッカであり、トルコなどと同様、ブドウの蒸留酒も地酒の一つだ。ザクロをはじめとする果実酒やコニャックも豊富なお酒大国だったりする。イスラム圏由来の料理も、お酒と共に楽しめるのはこの国の醍醐味でもある。

　そんな中でも、私の一番のお気に入りは、ハーブやスパイスたっぷりのシリア料理だ。薄焼きピザのラフマジュンや、肉団子のスープ、葉でお米を巻いたサルマなど、未訪問国シリアの味を堪能した。なぜかというと実は、お世話になった兄弟がシリアからの移民だったから。シリア人にアルメニア文化を教わりながら、アルメニア食材で作った本場シリア料理を食べる、というカオスな滞在。アルメニアで異国の文化を知る、これもまた複雑なこの国の形…なのかも。

※3／離散した民族ないし、そのコミュニティ。他国の支配や国の消失という歴史の中で、国を離れたアルメニア人が世界各国でコミュニティを形成している。

※4／固有の領土と主権、政治機能などは持っているが、国際的に国家として承認されていない地域。コーカサス地方は、未承認国家が複数存在する。

— Armenia —

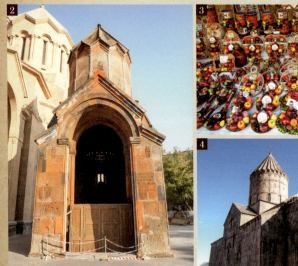

1.カスケード・コンプレックスの外階段から見えるエレバン市内と、遠くに見えるアララト山。／2.ソ連軍の攻撃を免れた、13世紀に建てられた教会。／3.アルメニアらしくザクロなどの果実で飾られたミニボトルやワインのケース。／4.崖の上に建つ姿が美しい、9世紀に建てられたタテヴ修道院。／5.塩漬けしたブドウの葉で、ひき肉やお米などの具を包んで煮込んだサルマ。／6.肉や野菜を、ハーブやスパイスと共に乗せて焼いたピザのような料理、ラフマジュン。／7.ゴマのペースト、タヒーナ。さらりとスープのようなシリアのタ

—— Armenia ——

ヒーナは、たっぷりのオイルと豆が入っている。／**8**.中東などでみられる豆コロッケ、ファラフェルをラバッシュで巻いた軽食。／**9**.KILIKIAというアルメニアビール。ビールの種類も豊富。／**10**.アルニャックという呼び名があるほど、有名なアルメニアのブランデー。名産品のアプリコットで作ったものも。／**11**.お隣ジョージア同様、ワイン発祥の地とも言われるアルメニアでのワイン飲み比べ。

053

旅人おススメ美食国家はワイン発祥の地！
ジョージア 〜Georgia〜

世界遺産のワインと食べきれない郷土料理

「訪れた国でごはんが美味しかったのはどこ？」

行く先々で出会う旅人に、私が必ず聞いていた質問だ。その中で、何人もの旅人が答えた国がある。それは、私が当初旅の計画に入れていなかった、ジョージアだった。旧名のグルジア[1]、という方がピンとくる人もいるかもしれない。ともかく、美味しいごはんが待っていると知ったからには、訪れない訳にはいかないだろう。コーカサス地方[2]にある小さな国へと、旅の進路を変更したのだった。

ジョージアは、歴史的な教会や要塞などの遺跡が多く残り、自然豊かな美しい国だ。その食文化の成り立ちは古く、ワインに関しては、紀元前6千年という太古の時代から造られている、発祥の地とも言われる場所でもある。なんてことをロクに調べもせずに、ふらりと訪れたものだから、街並や食の素晴らしさに日々大興奮の滞在だった。

世界遺産にも指定されているという独特なワイン製法を見てみたくて、勢い余ってテラヴィというワイン名産地へ足を運んだ。行き当たりばったり予約無しの突撃訪問だったが、サービス精神旺盛なジョージアの人たちのおかげで、2つのワイナリーで無料の個人ツアーを開催してもらうことができた。ジョージアのワインは樽ではなく、地中にクヴェヴリという甕を埋め、その中でワインを発酵させるというもの。ジョージア固有種のブドウもたくさん使われているのだとか。地中にたくさん埋まっている甕は、木製の棒で毎日かき混ぜているというから、手間のかかる仕事である。試飲という名目の元、グラスにな

※1／グルジアの呼称は、旧ソ連時代のロシア語に由来。ロシアとの関係悪化による先方の要請に伴い、日本での呼称も英語読みのジョージアに変更された。

※2／ヨーロッパとアジアのちょうど境目当たりに位置する。トルコ、イラン、ロシアなど様々な国の影響を受けつつ、独自の文化を形成している。

みなみ注がれた何種類ものワインやグラッパを、スタッフと一緒に飲み干した。ちょっとした宴会である。少し酸味はあるものの、それがだんだんクセになるスイスイ飲めるワインだった。
　そんなジョージアワインは、ジョージア全土で、格安で気軽に楽しむことができる。1ℓ200円程度から飲め、ホームメイドワインを置いているお店もあったりと毎日へべれけだ。そして合わせる郷土料理は、評判通りの美食ぞろい。名店の多い首都クタイシでは、とにかく食べれるだけ食べて飲んだ。お肉と野菜が中心で、ハーブやスパイス、クルミやザクロを多用するのが特徴的。大きな水餃子のヒンカリや、スルグニチーズ[3]は代表格。クルミペーストをたっぷり使う、チキンのサトシビやナスのパドリジャーニ。ゴロゴロポークのローストにトケマリソース[4]を合わせたオジャクリ…美食の多すぎるジョージアは、食欲と胃袋のキャパとの戦いだ。

愛情たっぷり、ママお手製焼きたてイメルリ

　2都市目に訪れた中部の街クタイシでは、素敵な家族と家庭料理との出会いがあった。ジョージアの一般家庭を垣間見たいと、宿泊先に選んだのは家族経営のゲストハウス。民家の一室に泊めてもらい、寝室以外はすべて家族と共有という、宿というよりはホームステイ感覚での滞在だ。気さくなファミリーとはすぐに打ち解け、宿泊客は私だけだったこともあり、とにかく色々構ってくれた。クタイシの名所案内や、行きつけの飲み屋へ連れて行ってもらったり、家族のランチに混ぜてもらったり、パパの職場の劇場で観劇の機会をもらったりと、連日至れり尽くせり状態。願ったり叶ったりの、その土地の空気感を感じられる日々を送ることができた。
　いつも通り「帰宅」して、リビングでまったりしていたある日のこと。その日地元の市場を訪れていた私は、宿のパパやママに購入した

※3／ジョージアを代表する、牛乳で作られた塩分控えめなフレッシュチーズ。そのままでも食べられるが、多くの料理に用いられる欠かせない食材。

※4／ジョージアの定番ソース。プラムにハーブやスパイスなどを加えたもので、プラムの熟し具合によって赤・黄・緑色の味の違いも楽しめる。

— Georgia —

1.ブドウを入れて発酵させる、クヴェヴリという甕。／**2**.地中でワインを発酵させているところ。クヴェヴリが埋まっている。／**3**.ブドウを潰す機械。／**4**.汲み上げて試飲させてもらった発酵途中のワインは酸味強め。／**5**.聖ジョージ大聖堂と4～5世紀に築かれたナリカラ要塞。／**6**.首都トビリシの、古い建物が並ぶ通り。／**7**.屋根の形が特徴的な、現在も営業している公衆浴場ハマム。／**8**.ライトアップされたナリカラ要塞の夜景。／**9**.ジョージアワインと、グリルナスにクルミのペーストをのせたバドリジャーニ。／**10**.マッシュルームのス

056

― Georgia ―

ルグニチーズ焼き。シンプルながら、溶けたスルグニが絶品。／**11.**ジョージアの大きな水餃子ヒンカリ。肉やキノコ、チーズなど具材は様々。／**12.**ポークとポテトのロースト、オジャクリとトケマリソース。お肉は柔らかく、ハーブでさっぱり。／**13.**揚げ焼きしたチキンにたっぷりのクルミソースがかかった、ボリュームたっぷりのサトシビ。

057

スパイスを見せながら、ジョージア料理の話で盛り上がっていた。会話の途中で、ふとママが「そういえば、イメルリはもう食べたの?」と聞いてきた。「まだ食べてないけど、なんで?」と答えると、2人とも驚いた表情で「クタイシに来てイメルリ食べてないなんて! 絶対食べなきゃ!」「夕飯はまだなの? だったら今から作ってあげるから食べなさい!」と大興奮。夜の9時だというのに、突然のイメルリ作りが始まった。

　ジョージアの郷土料理に、ハチャプリ[5]というチーズパンがある。イメレティ地方に属するここクタイシでは、チーズを生地の中に入れて円盤形に形成したイメルリ・ハチャプリが定番なのだそうだ。

　早速イメルリ作りに取りかかったママ。慣れた手つきで小麦粉にイーストを混ぜ、大量の溶かしバターを投入してパン生地をこねる。手際よく丸めた生地をビニールで覆い、ママお気に入りのヒョウ柄毛布で包んで発酵を促進していく。

　大きく膨らんだ生地を丸く伸ばし、チーズを入れて包み、大きく平らな円盤形に形成したらオーブンへ投入。あっという間に、焼きたてアツアツのイメルリが完成した。

　バターたっぷりのふんわり生地に、とろけるジョージアチーズの適度な塩気がたまらない。みんなでハフハフ言いながらかぶりついた。ふわっふわの生地に、とろけるチーズ。シンプルにして最高のイメルリだった。深夜のカロリー摂取は考えることなかれ。なんとしてもイメルリを! という彼らの熱意が叶えてくれた、愛情とチーズがたっぷり詰まった、忘れられない逸品だ。

ローカル酒場は交流の場、美食と酒と陽気なジョージア人

　最後の訪問地バトゥミで、私はジョージア人の神髄を見ることになった。観光地エリアを少し離れた路地裏のローカル酒場、地元の人た

※5／ハチャ＝チーズ、プリ＝パンの意味で、そのままチーズパンである。地方によって作り方・形・呼称が異なる、ジョージア代表料理の一つ。船型に形成され、卵とチーズ・バターがのったアジャルリが有名。

ちで盛り上がる店のすみっこで、まったり料理を満喫していた時のこと。頼んだ覚えの無いワインがテーブルに運ばれてきた。

「あちらの方からです」と、店員が隣のテーブルを指差している。見ると、隣のテーブルで、こちらに向かって手招きをしている人が！驚きつつも、せっかくお酒までいただいたので、素直に合流してみることにした。テーブルへ行くと彼らは、チャチャ[6]というウォッカをショットグラスに注ぎ始めた。腕をからませ、かけ声とともに乾杯して一気に飲みほし、チェイサーでオレンジジュースを飲む。それを延々と繰り返すのだ。飲んで、店内の音楽に合わせて踊って、踊って、そしてまた飲む。ノリのいいこと、そしてお酒の強いこと！結局は踊りにも巻き込まれ、一緒に飲み、最終的には全部ごちそうになってしまった。

これで終わりではなかった。翌日訪れた、別の路地裏酒場でもそれは起こった。ジョージア最後の食事を満喫し、ほろ酔いになっていたところで、またまた頼んだ覚えのないワインが運ばれてきたのだ。

「あちらの方からです」お隣の席のおじさまだった。まさかの2夜連続である。そこからさらに、別の席で盛り上がっていた団体に、私にワインをごちそうしてくれたおじさまごと巻き込まれてしまう。そして、やっぱりチャチャで乾杯だ。誕生日会をしていた彼らは、私にもチャチャを持たせ、料理を分け、主役へのプレゼントの花をなぜか私にくれた。結局この日も、全部ごちそうになってしまった。

料理を囲み、音がなれば歌って踊り、その辺の人たちも巻き込んで腕を絡ませてお酒を飲む、これがジョージア。美味しい料理と、明るく楽しく陽気なジョージアの人たちに乾杯！

※6／主にブドウから作られるジョージアの醸造酒。健康にも良いとされており、家庭でも自家製酒を作っていたりする。度数が非常に高く、クタイシのお宅で作られていたものは、引火するほどだった。

— Georgia —

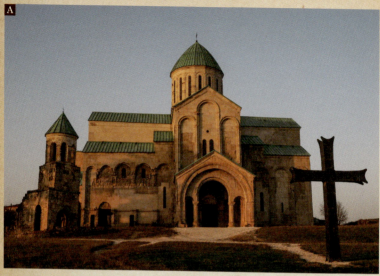

A.クタイシの市街を見渡せる丘の上に建つ、11世紀に建てられたバクラディ大聖堂。／**B**.クタイシの中心地にある広場の大きな噴水。たくさんの像が据えられた噴水は、毎晩カラフルにライトアップされる。同じくライトアップされた奥の建物は、観劇させてもらった劇場。

— Georgia —

C.クタイシのビレッジマーケット。／D.市場で売られている、食卓に欠かせないチーズ。

【ママのお料理】1.小麦粉からパン生地を作る。／2.生地でチーズを包んでいく。／3.円盤形に形成した生地をオーブンに入れるママ。／4.焼きあがったイメルリの中身はとろとろに溶けたチーズ。／5.完成。中にたっぷりチーズが入った焼き立て熱々のイメルリ。／6.アジャリア地方、バトゥミで食べたアジャルリ。

絶景と酒と、食べきれない程の郷土料理
トルコ 〜Turkey〜

雪降るカッパドキアで自家製ワイン

　言わずと知れた景勝地、カッパドキア。訪れたのは11月中旬だったのに極寒、そして雪に…。最悪だ！ と思っていた雪は一晩で上がり、予想外に美しい銀世界の絶景をもたらした。

　ツアーを探してみたのだけど、どれもお高い。どうしようかと迷っていたところで、隣町のウチヒサールまでトレッキングをするという旅人くんに宿で遭遇！ 一人で奇岩群を歩くのはちょっと…と思っていた私は、ここぞとばかりに便乗することにした。実は彼、道中2度も財布を盗られ、金欠のためにひたすらカッパドキアを徒歩で回っていた…ということを、後から知った。なかなかご苦労な話である。

　それでも、便乗したのは大正解だった。歩いたピジョン・バレー、鳩の谷は、絶景の連続だった。奇岩群に大興奮しながら歩き、到着したウチヒサールからは雪化粧のカッパドキアが一望できた。

　ちなみに、谷を作る柔らかい花崗岩には、鳩の住処として使われていた多くの穴が開いている。故に鳩の谷。現在はほとんどの人がイスラム教だが、かつて多くのキリスト教徒が住んでいた[1]この地では、ワインは神聖なものだった。ブドウを育てる肥沃な土地を作るため、鳩のフンを利用していた当時の形跡が、現在に残っている。カッパドキアは歴史あるワインの地でもあるのだ。

　実は、宿泊していた洞窟を利用したホテル[2]でも、地下室で自家製のワインを作っていた。ちょっと酸味強めの手作り感溢れるワインを、カッパドキアの洞窟で飲むというのも、なかなかオツな体験だった。

※1／キリスト教徒が迫害から逃れる為に隠れ住んだ場所でもある。ワインは、キリストの血を象徴する神聖なものとされていた。

※2／奇岩に掘られたかつての住居穴を、そのまま客室として提供する宿がある。洞窟内に泊まる珍しい体験ができるのはカッパドキアならでは。

メゼとラクと音楽と、トルコ人はお酒好き

　トルコ＝ケバブ、だと思っている人も多いのではないだろうか。それはそれで正解だが、日本でよく見る塊肉をそぎ落として食べるのは、ドネルケバブというケバブの一種に過ぎない。ヨーグルトとバターやトマトソースをかけたイスケンデルケバブ、壺に入れて野菜と煮込むテスティケバブなど、ケバブだけでもやたら種類がある。どれも肉のボリュームがすさまじく、トルコのおじちゃんたちが立派なオナカをしている理由がよく分かる。

　お肉なイメージが強いが、地中海、エーゲ海、黒海に面した、魚介のおいしい国でもある。黒海のイワシ料理や、ムール貝の料理も名物で、沿岸部では魚や甲殻類の種類も豊富だ。ただ、トルコ人はというと、やっぱり肉料理がメイン。エーゲ海沿いの店でトルコ人と食事をした時は、人生初だというイカ料理に首をかしげ、魚介に赤ワインを合わせ、生臭いとぼやいていた。なんとももったいない話である。

　イスラム教徒の多い国でありながら、酒好きも多いトルコ。スパイスやハーブを使ったお酒に合う料理も多く、メイハネという居酒屋は連日大盛況だ。そこでおつまみとして大活躍するのが、前菜のメゼ。手頃な価格で、ナスやトマト、オリーブにチーズなど、トルコの名産を使ったメゼを、少しずつ楽しめるのが嬉しい。うっかり頼みすぎると、メゼでおなかいっぱいになってしまうほど種類も豊富だ。

　ビールやワインもいいが、アニス[3]が香るブドウの蒸留酒ラクを、水割りで飲むのがトルコ流。スッキリしていて飲みやすい。だから、飲み過ぎ注意だ。メイハネにはトルコの楽器を演奏して回る人たちも来るので、民族音楽を聞きながら、メゼをつまんで、ラクを…とかやってる間に気付けばへべれけ、なんてこともある。

　食べて飲み倒す陽気なトルコの夜の過ごし方も、悪くない。

※3／トルコをはじめ、地中海沿岸等に分布する植物。甘い香りが特徴で、菓子作りなどに多用されるが、トルコでは名物の地酒ラクの香りづけに欠かせないスパイスだ。

— **Turkey** —

1.ウチヒサールの高台からカッパドキアの銀世界を見渡した景色。/ **2**.ピジョン・バレーの奇岩にたくさん空いている穴は、かつての鳩の住処。/ **3**.洞窟ホテルの部屋。/ **4**.かつてキリスト教徒が住んでいた時に、岩の中に作られた教会。フレスコ画が残っている。/ **5**.泊まっていた洞窟ホテルの地下で作られていた自家製ワイン。/ **6**.その辺のレストランで仲良くなったトルコ人が自宅から持ってきてくれた自家製ワイン。/ **7**.色んなメゼを少しずつ取り分けてもらったプレート。/ **8**.トマトソースやバターをかけて、ヨーグルトを添

064

Turkey

えたボリュームたっぷりのイスケンデルケバブ。/9.トルコの伝統楽器を合わせての、レストランでの生演奏。/10.黒海沿岸の街トラブゾンの名物、カタクチイワシのフライ、ハムシ・タヴァ。/11.気さくなケバブ屋のおじちゃん。/12.特産ともいえるムール貝は、サクッとフライにして食べる。/13,14.カッパドキアの名物、壺に肉と野菜を入れて煮込むテスティ・ケバブ。/15.イスタンブールの市場にて。名産のオリーブは様々な種類や味付けで売られている。

065

世界のスパイス＆ハーブ
～世界の料理で最も使われるスパイスはコレ！～

　世界中に溢れるスパイスとハーブ。シルクロードや大航海時代の貿易をはじめ、歴史の中で世界各国へと広がってきた数々のスパイスは、郷土の食材と合わさって、各国でそれぞれの使われ方をしている。こんなに多くの国で使われているスパイスがあるなんて！ こんな料理に使うのか!!と、旅をしていると毎日のように新発見がある。とても全部は紹介できないけど、各国の料理を支えている、全世界的に実は超メジャー級で使われているスパイスたちを厳選してご紹介！

▎コリアンダー

タイ料理を作るのに、パクチーは欠かせない

日本ではタイ語のパクチーとして浸透しているが、英語ではコリアンダー、スペイン語でシラントロ、ポルトガル語でコエントロ、インドでダニヤー、中国で香菜（シャンツァイ）などなど…世界各国で多様されている、王様といっても過言ではないスパイスなのだ。コレを使わない珍しい国が日本、と言った方が早いくらい。苦手という日本人も多いが、それは葉をそのまま料理に山盛りのせる「日本ならでは」の強烈な使い方のせいではないかとも思う。刻んだ葉をカレーや煮込みに、欧米や中南米では魚料理の爽やかなアクセントとしても使ったりする。ペーストにして肉をマリネして焼くこともあるし、各国のソースにもよく入っている。種の粉末は、カレーだけでなく、ポルトガルを代表するタジンや、北アフリカのタジン、南米の煮込み料理など、使われている料理は挙げればキリがない。東南アジアでは、根もスープの香りづけや、潰してカレーペーストに入れ込んだりと、葉・茎・根・種、全部が重宝される万能スパイスなのだ。

▎クミン

モロッコのスパイス市場はクミンの山

香りをかげば、あぁカレーの臭いだな、と思うスパイス。種子を乾燥させたものや粉末が、各国の料理に使われている。シルクロード上の国々から、ヨーロッパ、中南米まで、大陸をまたいで芳醇な香りをまき散らしているスパイスだ。カレーやスープ、炒め物はもちろん、サラダのドレッシングに混ぜたり、魚のマリネ液に加えたり、ソーセージを作るスパイスとしても使われたりと、各地の料理の味をキュッとしめるのに一役買っている万能スパイスだ。

▍オレガノ

ヨーロッパのハーブという印象が強いかもしれないが、中東や中南米でも欠かせないハーブだ。メキシコでは煮込み料理にたっぷりかけたり、南米の肉料理に合わせるチミチュリというソースにも使ったりする。トマトとの相性が良いので、トマトを使った料理の多いトルコや、中央アジアでも多様される。

薬味として卓上にオレガノが置かれたメキシコの食堂

▍トウガラシ

言わずと知れた辛いヤツ。世界中でどれほどの種類があるのか分からない程多種多様だ。色づけや風味付けに使われたりする辛みのほぼないものも多い。アジア料理はもちろん、中南米料理にも欠かせない。そのままでだけでなく、ペーストにして料理に上手に溶け込ませて行く。同種の辛くないパプリカも、ハンガリー料理をはじめ、ヨーロッパでも存在感を発揮するスパイスだ。

数えきれないほど種類があるインドのトウガラシ

▍ディル

日本だと、サーモンやカルパッチョにのってくることが多い、細く枝分かれした緑のハーブ。中東や中央アジアではスープなどに加えられる他、ロシア料理などではサワークリームと合わせてサラダにしたり、ビネガーの香り付にも使われる。北欧では、魚料理だけでなくピクルスやソースなどにも多様される欠かせないハーブだ。

中央アジアの麺料理ラグマンにたっぷりのったディル

　他にも、王道のコショウやシナモンなど、まだまだたくさんあるけれど、スパイス辞典になってしまうのでこの辺で…。とにもかくにも、世界の料理はスパイスなくして語ることはできないのだ。

物価も高いし、さらっと通り抜けようと思っていたヨーロッパ。思いがけず長居してしまったのは、たくさんの出会いがあったからに他ならない。比較的安い東欧を中心に、宿代を切り詰めて…などと計画していたのだけど、旅の途中で知り合った人のお宅に泊めてもらったり、民泊サイトを使ったりして、滞在期間の実に⅓ほどを「誰かしらのお宅」で過ごすという嬉しい誤算が起きた。手料理を振る舞ってもらったり、飲みに行ったり、私のためにホームパーティーを開いてもらったことも。美食とともに友人も思い出も増え、お世話になった人たちへは感謝してもしきれない。キラキラのX'masや年越しも体験して、充実しすぎたヨーロッパの旅。

2
ヨーロッパ編

Europa

Romania
Hungary
Slovakia
Austria
Germany
France
Switzerland
Italy
Czech Republic
Belgium
Spain
Portugal

人々の優しさは、トラブルを越える
ルーマニア 〜Romania〜

ついにこの日が… iPhone盗難

　ルーマニア第２の都市、ブラショフ郊外にある、CS[1]で宿泊をお願いしたホスト宅へ向かうバス車内でのことだった。運転手からチケットを購入する際、不用意にポケットに突っ込んでしまったiPhoneは、次の瞬間にはもうなくなっていた。一瞬の出来事だった。

　「スマホがない!!」と車内で大騒ぎ。半べそをかいている私に、ルーマニアの人は温かかった。車内を探したり、電話を貸してくれたり、みんな手を差し伸べてくれた。スマホ頼りがアダとなり、降りるバス停もわからなくなった私を、一人の女性が「一緒にいらっしゃい!」と自宅にまで連れて行ってくれた。PCをWi-Fiにつなぎ、なんとかホストとも連絡が取れた私を、彼女は車で送り届けてくれたのだ。

　この日のホストは、よく旅人を泊めているという２人組だった。彼らは盗られた私よりも、犯人に対して怒っていた。私を励まし、「お腹空いてない?」と、ルーマニア名物のママリガ[2]を作ってくれ、ワインと共に振る舞ってくれた。一生懸命楽しい話をしたり、ルーマニアの"いいところ"を動画を使って紹介してくれたりもして、随分と気持ちが楽になった。心折れずにいられたのは彼らのおかげだ。

　その後も、国際電話をかけさせてくれた宿の人、やけ酒に付き合ってくれた旅人など、会う人みんなに恵まれた。盗難届を出しに行った警察では「僕らが治安をちゃんと守れていないせいで、すみません」とまで言われてしまった。被害にあったのがこの国で、まだよかったとすら思えてしまった。特に地方都市の治安はよく、優しい人が多い

※１／カウチサーフィン。宿泊させてくれるホストを探せるサイト、またはアプリ。世界各国に登録者がおり、上手に使えば旅で役に立つ。

※２／トウモロコシの粉の練り物。イタリアのポレンタに近い。ルーマニアの主食とも言える料理。ママリガの味は、ルーマニアのおふくろの味。

素敵な国。おかげで、ルーマニア滞在は良い思い出が勝っている。

ドラキュラの館もある、中世の街

　ブラショフは、中世の建築が多く残る美しい街だ。小説にでも出てきそうな…ではなく、実際に小説「ドラキュラ」のモデルとなったブラン城があるのもこの街。あくまでモデルで、特に恐怖神話などない、貴重で美しい中世の建造物だ。ドラキュラ城、という響きに妄想を膨らませて行くと、拍子抜けする。私みたいに。

　そこで「ブラン城よりカッコイイよ！」と宿スタッフに聞いて訪れたのが、ルシュノフ要塞。19世紀まで実際に砦として使われ、要塞内にはかつての居住跡や教会などが残っている。廃墟となっているが、当時の雰囲気をそのまま感じられる場所だった。丘の上に建つ要塞からは、街も一望できる。個人的には、ドラキュラよりこちらの方が、見応えがあった。ただ、訪れたのは12月、冬の廃墟は寒い…。

　次の訪問地は、旧市街が世界遺産になっている、古くからの時計塔を中心とした城塞都市シギショアラ。カラフルな中世からの建物が素敵な街だ。伝統の赤い屋根…は雪化粧であまり見えなかったが、美しい古都は、寒さを忘れて散歩したくなる街並だった。そしてこの街にもまた、ドラキュラレストラン[3]なる場所がある。観光客ダマしと知りつつ、「ドラキュラ」なる料理を頼んでしまう。出て来たのは、トキトゥラという、短い滞在で3度も食べた肉の煮込み料理だった。この店のトキトゥラが、一番美味しかった。ダマされてよかったのかも。

　そして最後の街シビウでは、古都もさることながら、X'masマーケットや装飾の規模がすごかった。古都観光はそこそこに、屋台とイルミネーション、そしてグルメがメインの滞在になってしまった。

　盗難届の足止め[4]で、駆け足になったのが残念な滞在だった。またリベンジしたい国の一つだ。次はぜひ、あったかいシーズンに…。

※3／ドラキュラのモデルになった人物、ヴラド三世の生家を、末裔の方がレストランとして運用している。ドラキュラ演出全開の店。

※4／盗難保険の申請をするために、警察発行の証明書が必要。ルーマニア警察は親切だったが、書類作成に3日もかかった。旅行者にはツライ日数だ。

Romania

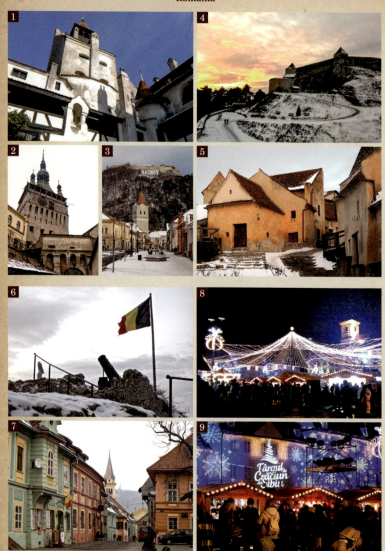

1.ドラキュラ城として知られるブラショフのブラン城。／**2**.シギショアラ歴史地区の時計台。／**3**.ハリウッドのような看板の多いルーマニア。ブラショフの街並みと、丘の上に建つルシュノフ要塞。／**4**.13世紀に、侵略軍の交通の要所に建てられたルシュノフ要塞。／**5**.要塞内部は、当時住んでいた人たちが作った街がほぼそのまま残されている。／**6**.ルシュノフ要塞の一番高い位置に据えられている大砲。／**7**.カラフルな建物が建ち並ぶシギショアラの街並み。／**8**.広場を囲む建物一面のプロジェクションマッピングが華やかなシビウのX'masマー

— Romania —

ケット。／**9**.眩いほどのX'masイルミネーションの下、たくさんの店が建ち並び多くの人で賑わう広場。／**10**.シギショアラの「ドラキュラの館」レストランで食べたルーマニア名物、お肉の煮込みトキトゥラ。／**11**.海なし国ルーマニアの、淡水魚料理。たっぷりのクリームソースがかかっている。／**12**.ポマナ ポルクルイという豚肉を揚げ焼きにした、キリスト教のお祝い行事の際に振る舞う習慣のある料理。／**13**.チリのピクルスがアクセントになったソーセージと豆の煮込み。／**14**.レストランの壁に描かれていた、ドラキュラ伯爵の異名を持つヴラド三世。

ドナウの真珠は、東欧きっての美食国家
ハンガリー 〜Hungary〜

オレンジの夜景は素敵な仲間と

　真珠や宝石箱、薔薇などに例えられる、ハンガリーの首都ブダペスト。石造りの建物が創り出す街並みはとても美しい。特に、ドナウ川にかかる橋と両岸の建物で、街全体がオレンジに輝く夜景は、誰しもが息を呑むはず。それにX'masシーズンが重なった12月の街は、もはやキランキランである。あぁ、まばゆい!!

　そんな光り輝くブダペスト滞在を、さらに明るくしてくれたのは、宿のルームメイト。誰かと仲良くなることは多々あるが、部屋の全員で飲みに行ったり、観光したりするほど仲良くなったのは、旅を通してこの部屋だけだ。国籍もバラバラの彼らとは、ハンガリー以降の旅で、全員と個別に再会を果たすことができた。素敵な仲間のおかげで、食や観光以外に、予定外の温泉[1]まで加わって、にぎやかな旅になった。華やかな夜景とX'masマーケットは、やっぱりみんなで盛り上がれると楽しい。そして、やたらボリュームのすごいハンガリーのごはんは、シェアできると助かることこの上ない。

ハンガリーのX'mas、必需品はホットワイン

　ドイツが発祥と言われるX'masマーケット[2]は、今では12月にヨーロッパに行けば、どの国でも見られる光景だ。ブダペストでも、聖イシュトヴァーン大聖堂の周辺をはじめ、街中の至るところが、イルミネーションと数々の屋台で盛り上がりを見せていた。

　X'masマーケットといえば、雑貨や可愛らしいお菓子、お惣菜など

※1／実はハンガリーは温泉大国でもある。壮大なスケールの建物内で、巨大プールのような温泉に入れる施設がいくつもある。水着の着用が必須。

※2／ドイツのドレスデンが発祥の地と言われる。11月末頃からクリスマス、または年始まで開催される。国や地域で開催期間は異なる。

の店が立ち並び、大きなツリーの元、家族や友人、恋人とX'masの雰囲気を楽しむ一大イベントだ。そして、旅人にとっては、多くの郷土料理を一挙に楽しめる、食のパラダイスともいえる。色々な店の料理を覗き込みながら、少しずつ色んな料理にトライできるのだ。

　ただ、冬のヨーロッパは寒い。屋外のマーケットはとにかく寒い。そこで欠かせないのがホットワイン。コレが本当にあったまる。様々なフレーバー[3]があり、店の数も多い。そしてもちろん、料理とも合う。ホットワインを抱えてのマーケット巡りは最高だ。

┃コレは食べとこ！ボリュームすごすぎハンガリー料理　　┃

　周辺諸国と食文化は似ているが、ハンガリー料理は洗練されていて美味しい。そして、デカイ。色々な料理があるのに、一品でオナカパンパンになってしまって、数が食べられないという贅沢な悩みを抱えることになる。肉料理がほとんどで、鶏・牛・豚・羊に鴨など、色々食べる。ちょっとこってりしたお肉料理に、パンやライス、ポテトにパスタ、ニョッキなどが添えられて、食べ応え満点の料理となる。

　そんなハンガリーのシンボルともいえるのが、名産のパプリカをたっぷり入れた牛肉と野菜のシチュー、グヤーシュだ。これなくしてハンガリーは語れない程の定番料理だ。国宝にまでなってしまったマンガリッツァ豚[4]も外せない。絶滅の危機から復活した、脂肪分と旨味たっぷりの豚料理をありがたくいただこう。日本だとお高いフォアグラだってこの国では格安。気張らず手軽にレストランで食べられるし、市場では安価で買える、身近な食材なのだ。

　そして、ソウルフードとも言えるのが、揚げパンのラーンゴシュ。好きな具をたっぷりのせて手軽にかぶりつく、軽くない軽食だ。

　とにかく景観が美しいドナウの真珠は、食べるべきものが多くて困ってしまう、連日フードファイトのような旅だった。

※3／シナモンやクローブなどのスパイスと、砂糖と果物をワインに入れて温める。赤ワインが多いが、白やロゼを使ったものもあり、果物の種類も色々。

※4／ハンガリーの固有種で、国宝に指定されている。モフモフの毛並みを持ち、世界で一番脂肪率が高い。血統証明付きの、赤身と霜降りが楽しめる希少な豚。

Hungary

1.ドナウ川にかかるセーチェーニ鎖橋。対岸にはオレンジの照明をまとったブダ城が見える。／2.巨大な洋館のような造りのセーチェーニ温泉。冬は、外の温泉の温度がかなり低くて凍える。中の温泉はあたたかい。／3.スパイスと様々な果物で風味付けされたホットワイン。寒い冬のヨーロッパ、街歩きには欠かせない。／4.要塞からはブダペストが一望できる。霧にライトが反射して、街全体がオレンジの明かりに包まれる。／5.街中のマーケットにあった巨大ツリー。BUDAPEST前での1枚。／6.ずっと気になっていて、最後に手を出してしまった豚ヒザ肉のロースト。巨大な塊に、やっぱり太刀打ちできず…。／7.レチョーというハンガリーのパプリカ

076

Hungary

の煮込みをしいた、ポークグリル。／**8**.この料理なくしてハンガリーは語れない。パプリカの入った真っ赤なスープ、グヤーシュ。／**9**.ハンガリーの国宝、マンガリッツァ豚のパプリカソース煮込み。甘く柔らかい豚が美味！／**10**.ちゃんと厚みのあるふわふわのフォアグラが、ハンガリーならリーズナブルに食べられる。／**11**.安くておいしいと評判の食堂で食べたソーセージのパプリカ煮込み。ごはんが下に隠れているスタミナ料理。／**12**.こちらもハンガリーの王道料理、パプリカチキン。サワークリームがアクセントでいい感じ。ニョッキの量が多い…。／**13**.ダックのコンフィ（オイル煮）とパースニップのピュレ。どちらも日本ではなかなかお目にかかれない。

世界のお酒を飲みつくそう!
女一人旅 ぶらり酒場放浪記

　食も好きだけどお酒も好き。当然、各国でお酒は飲み歩いてきた。ぐるっと一周して訪れた国の中で、一滴も飲まなかったのは、完全禁酒のイランぐらい。飲みやすい国、飲みにくい国、しっぽり飲める国、巻き込まれて盛り上がる国、お国柄次第で色々だ。人と、地酒と、歌に踊り、やっぱりどの国でも酒場めぐりは楽しくてやめられない。

■ 飲みたいけど飲みにくい…

　訪れた中ではやはりイスラム圏、そしてインドなどはお酒に厳しい。地域によってはまず酒場を探す事自体が大変だ。ホテルのバーか、観光客の多いレストランへ行く、というのが王道ではあるが、それ以外は大抵目立たないように建物の裏手にあったり、看板も小さかったりと見つけにくい。外から見えないように窓が覆われていたり、入りにくさ満載だ。扉を開けると薄暗い照明の中、男性ばかりが飲んでいる、そんな店も少なくない。単独の女性客、最初こそじっと見られたりするけれど、そこは彼らもひっそり飲みに来ている人たち。割とすぐ飽きて自分たちのお酒の世界に帰って行く。店員さんは意外と気さくだったり、慣れてみればなんてことない、普通のバーとして楽しめる店が多いのだ。

　とはいえ、私のように酒場めぐりを楽しむ嗜好がなければ、入りにくいのは間違いない。そういう時は、宿で聞いてみるのが一番だ。観光客向けに宿でも置いていたり、併設のレストランで出してくれることもある。表立ってメニューに書いてなくても、聞けばあったり、得意先からちゃちゃっと調達してくれることも。「瓶は見えないように足元に置いてね」と言われることも実はしばしば…。

■ おいしいつまみと幸せお酒タイム

　対して飲みやすいのはラテンの国、ワインの国など。ヨーロッパやコーカサス、中南米は気兼ねなく飲めるし、東・中央アジアの国々も安くお酒が出回っていることが多い。男女問わず普通に酒場を楽しめる文化の国々はやはり気楽なものだ。特にスペインやポルトガルと、その影響を受けた中南米の国々は、お酒に寛容である上に、小さなおつまみタパ

スがあったり、その国ならではの地酒やカクテルもあったりするので、居酒屋感覚で楽しめるのが嬉しい。無料でフラメンコギターの演奏があったり、サンバやボサノバの生演奏や、流しの民族音楽隊など、何気に入ったお店でちょっとした催しが突如始まることも。１人でしっぽりもいいけれど、他のお客さんと盛り上がってしまうのも悪くない。

ブドウや果物、穀物のお酒

　名産である果物や穀物を使った地酒が世界各地に存在している。アジア圏ではお米や雑穀、南米ではトウモロコシなどから作られる蒸留酒は、発酵が進むので現地じゃないと楽しめないお酒たち。そして果実のお酒は、ベリー系のものや、アンズ、ザクロなどを使った蒸留酒やブランデーが多数存在する。日本ではあまりメジャーではないが、その種類たるや驚く程豊富だ。是非見つけたらトライしてみてほしい。そして、ワインはもちろんだが、ブドウは蒸留酒も多い。ブランデーやイタリアのグラッパ、スペインのオルホといったお酒をはじめ、トルコのラク、ジョージアのチャチャ、ペルーのピスコなどなど、各国に存在している。特にペルーのピスコは、卵白を入れて作る変わり種カクテル、ピスコサワーなんていうのもあって、楽しみ方も多彩だ。

　めぐった酒場と飲んだお酒、人との出会いは数知れず。実はへべれけ紀行でもあった旅。臆せず行こう、世界の酒場へ！

フラメンコギターが無料で聞けたスペインのバー

中央アジアやコーカサスなどで飲めるアップルブランデー

トルコ名物のブドウの蒸留酒、ラク

中世の街並みが残る素朴な国
スロバキア 〜Slovakia〜

周辺諸国の影響を受けた東欧料理を安く楽しむ

　周辺のハンガリーやオーストリア、そしてかつて同国だったチェコに比べると、華やかな建物が少なく、観光客の人出もぼちぼちと、ちょっと寂しい気もするスロバキア。でも、シンプルながらも美しい歴史建造物があり、ボリュームが多くてちょっと大変だけど料理もおいしい。ちょっとシャイな感じはするけど、素朴で親切な人も多いスロバキア。物価も比較的安く、ゆったりのんびり滞在できる国だ。

1.ジビエ料理が色々楽しめる国。ウサギの赤ワイン＆マッシュルームソース。もちもちしたロクシェというポテトダンプリングを添えて。／**2**.巨大なパンの器に入った熱々のガーリックスープ。添えられたサワークリームがマッチして美味。／**3**.東欧を中心に、ヨーロッパでよく食べられるパプリカが入ったお肉の煮込み、グヤーシュ。茹でて作るパン、クネドリーキを添えて。／**4**.スロバキア名物のハチミツ酒、メドヴィナを使って調理したダック。付け合わせはポテトダンプリング、ロクシェ。

1.オーストリアでポピュラーなスープ、レバーのお団子が入ったレバークネーデル・ズッペ。ブイヨンが上品で、むっちりしたお団子が美味しい。臭みなく、レバーが苦手な人にこそ食べてもらいたい一品。／**2**.ゴルゴンゾーラチーズがたっぷりかかって見えないけれど、エスカルゴ。フランスのイメージが強いが、実はオーストリアにおけるエスカルゴの歴史は古い。／**3**.キラキラにライトアップされたウィーン国立歌劇場。ウィーンでは毎日何かしらの演奏会やオペラが開催されている。インフォメーションやチケット販売デスクも多く、気軽に見に行ける公演も少なくない。／**4**.ウィーンの代表料理と言えばコレ！薄く大きく伸ばした牛カツ、ウィンナーシュニッツェル。柔らかいお肉が美味しい。クランベリーなどのジャムが付いてくるのが一般的。

歴史ある国で音楽と美食に酔いしれる
オーストリア ～Austria～

芸術の都、そして洗練された食の都ウィーン

　音楽の都ともいわれるオーストリアの首都、ウィーン。国立歌劇場は有名だが、無料でパイプオルガンの演奏が聴ける教会があるなど、街の至る所に音楽が溢れている。かつてオーストリア帝国として繁栄したこの国では、伝統的な宮廷料理をはじめ、古くから磨き上げられてきた美食を楽しむことができる。たまにはクラシックを聴いて、美味しい料理とお酒で…という贅沢を味わってみる。

郷土のビールと各国料理がお好き
ドイツ 〜Germany〜

気付けば旅友はドイツ人だらけ

　この旅で、実に４度も入国した国がドイツ。周辺諸国とのルートの兼ね合いや、航空券の価格というのもあったが、仲良くなった旅人にドイツ人が多かったことが理由だ。トリーアという街でホテルに泊まった以外は、全部旅先で出会った友人宅での滞在だった。ニュルンベルクと、あと２軒は西部のデュッセルドルフやケルンの近郊のお宅だ。みんな海外旅行好きの国際派なので、彼らを通して見たドイツは少し偏りがあるかもしれないが、実際にお宅に転がり込んで、イメージと違うドイツという国を垣間見ることになったのだ。

郷土料理はあまり食べない？

　街中では、カフェでドイツ名物カリーヴルスト[1]を食べている人もたくさん見たし、人や地域差はあるだろう。ただ私の友人たちはあまりドイツ料理を食べなかった。私が食べたいというので、わざわざドイツ料理店に出向いてもらったという感じである。家庭料理をしっかりごちそうになったが、誰もドイツ料理は作らなかった。嫌いなのではなく、肉と芋を使う料理が多いので、ドイツ人でも「量が多くて重い」と感じる人もいるようだ。「たまに食べたくなるけど、ドイツ料理店は多くないし、他国の料理より高いんだ」とのこと。実際、街中には各国料理の店が多く、一緒に行ったのも、イタリアンやタコスの店だった。そして、何よりおススメされたのはケバブだ。ドイツでケバブ、「は？」と思う事なかれ。移民の受け入れを行ってきたことも

※１／ソーセージにケチャップベースのソースとカレー粉がかかっている。いわゆるカレー味ではない。ベルリン名物だが、ドイツ各地で食べられる。たまたま私の周囲の人たちが食べなかっただけ…なのだと思う。

あり、ドイツ在住の外国人にはトルコ人が多く、ゆえにやたらとケバブ店がある。「ドイツのケバブは他の国のよりうまいよ！」と言われた。ドイツ人の主食はパンである。本場のケバブ[2]と違って、厚手のパンに具材をたっぷり挟むのがドイツスタイル。肉もそうだが、野菜の量も多くてヘルシー。ベジタリアンも多いドイツでは、ファラフェル[3]も人気がある。もはやドイツのファストフードといえばケバブ、それだけ浸透しているのだ。

大切なのは朝食、ドイツ人にパンは欠かせない

　ケバブのパンはさておき、パンは彼らの生活に欠かせない。ドイツ料理を食べないと書いたが、ドイツパンは別だ。1日のうちで朝食が一番大事とされるドイツ、パンを中心にしっかり食べる。様々な種類があるブロートヒェンという小さなパンや、ライ麦を使った黒パンを中心に、ハムやチーズ、野菜などを挟んだり乗せたりして食べる。甘くないハードパンが多いが、ゴマやポピーシード、ひまわりやカボチャの種が付いたものなど、その種類はとても豊富だ。友人宅では、私の為に少しフンパツしてか、サーモンのパテやオシャレなサラダを準備してくれたこともあった。お邪魔したお昼時のホームパーティも、内容はほぼ同じ。朝食と違ったのは、少しお惣菜がオシャレになって、手作りのリンゴケーキとワインが追加された点くらいだ。

　パンに対するこだわりは強い。特にドイツ名物の、結び目の形に作られたプレッツェルは「時間が経つとしけってしまうから、必ず朝焼きたてを買って食べること！」と念を押された。確かに、焼きたての外側がパリっとした食感は、心地よい歯ごたえでとても美味だ。

　とはいえ、買いそびれた時はどうするか。実は冷凍のパン、というものもある。友人宅には巨大な冷凍パンがストックしてあり、オーブンで焼いてくれた。しっかりパリッと焼き上がって、意外とイケるの

※2／ケバブも色々だが、トルコでは串焼きのものや、肉を皿に盛って、薄いパンやライスを添えたものが多い。日本でメジャーなのはドネルケバブというケバブの一種。ピタパンで挟むのは、実はトルコではあまり一般的ではない。

※3／中東などで食べられる豆のコロッケ。ドイツは年々ベジタリアンが増えている。ドイツ料理は肉を使ったものが多いので、彼らもまたあまりドイツ料理は食べないのだそう。

— Germany —

1.ライン川にかかるホーエンツォレルン橋と、その奥に見えるのがケルン大聖堂。／**2**.第二次大戦の戦火を免れた、昔ながらの街並みが残るバンベルク。ガイヤースヴェルトシュテク橋と旧市庁舎。／**3**.X'masには大規模なマーケットも催される、ニュルンベルクの中心にあるハウプト広場。／**4**.ホームパーティの手作りアップルパイ。パイもすごいが、このサイズが入るオーブンがあることもすごい。／**5**.朝早くから焼き立てのパンがたくさん並ぶドイツのパン屋。／**6**.ホームパーティーで食べていた様々な小さなパン、ブロートヒェン。／

— Germany —

7.ドイツ定番の結び目状になったパン、プレッツェルの屋台。どこでも買えるが、焼き立てが美味！／**8**.朝ごはん。ちょっと奮発してサーモンパテや凝ったサラダ、ベーコンエッグなども用意してくれた。／**9**.厚いパンで挟んだ、はみ出るほど具が入ったドイツのケバブ。／**10**.招待された友人宅でのホームパーティー。パンとサラダ、チーズやハムにバジルのペーストなどを準備して自由に食べる。／**11**.ドイツで人気だというお店でテイクアウトした豆のコロッケ、ファラフェルのラップサンド。

085

だ。ちなみに、ドイツのキッチンにオーブンは欠かせないが、電子レンジは見たことが無い。「何に使うの？」と言われてしまった。

どうしてもソーセージが食べたいの！

「ドイツってソーセージとビールだけだと思ってない？ そんなことないんだからね！」と、ニュルンベルクの友人に言われた。そう思われているという自覚はありつつ、どうやらお気に召さないようで。そんな友人に「この街の郷土料理は何？」と聞いたら、「ソーセージかな…」と返ってきたので笑ってしまった。この街にはニュルンベルガーと呼ばれる、14世紀からその製法を守ってきた、ドイツでも有数の歴史あるソーセージが存在する。郷土料理と言われたら、そう答えるのが確かに正解なのだ。連れて行ってもらったレストランでは、9本のプレートを注文した。スパイスとハーブが効いた細く小ぶりなソーセージはとても美味で、9本ぺろっと平らげてしまった。

名産地はさておき、食べない人は全然食べない。実は私、ソーセージが大好きで、ドイツでは片っ端から食べようと楽しみにしていた。でもニュルンベルク以降、お世話になったお宅では食べる機会が巡ってこなかった。ドイツを明日出国という日に「ソーセージが食べたい！」と、たまらず最後にお願いした。「そんなに好きなの？」と笑われたが、わざわざオーガニックのお店[4]で色々な種類を買い集め、友人を呼んでソーセージパーティーを開いてくれた。6人程集まってくれたが、みんな口々に「こんなにソーセージを食べるのは久しぶりね」と言っていた。でも、ちゃんと炭火を起こしてグリルにし、種類によっては茹でて…と、最適な方法で調理していたのはさすがだ。食べるからには真剣に。山盛り本場のソーセージを食べられて、心もオナカも大満足だ。結局のところ、ドイツ人より私の方が、ソーセージが好きなのかもしれない。

※4／健康志向が強いドイツ人も多いので、商品にオーガニックを表すBioのマークが入っていたり、スーパーよりは高いが専門店も少なくない。

ご当地ビールとボリューム満点ドイツ料理

　もはや説明不要かもしれないが、それでもこの国をビールの話題無しでは語れない。ドイツ料理店にはあまり行かなくてもビアバーには行くし、カフェでも当然のように昼からビール。極寒の冬でも屋外のテーブルで飲んでいたりする、ビールを愛してやまない国なのだ。

　各地で愛されるご当地ビールというのが存在する。ニュルンベルクにはピルスナーにダークビール、一度途絶えかけて復活した赤色のロートビアなどがある。近郊のバンブルグでは、ちょっと変わった燻製ビールがあり、これを求めてきた人が店の外まで溢れていた。デュッセルドルフでは琥珀のアルトビア、お隣の街ケルンでは黄金色の飲みやすいケルシュが郷土ビールだ。この２都市のブラウハウス[5]では、注文方法も独特だ。大量のビールを持った店員が絶えずテーブルを回り、空のグラスを見つけると勝手に新しいビールと交換していく。その都度コースターに印をつけ、最後に印の数を集計して会計となる。コースターに刻まれた印の数は、飲んだくれた証なのだ。

　いくつかの地ビールは、レストランでドイツ料理と一緒に楽しんだ。定番ザワークラウト[6]に、牛肉やガチョウのロースト、巨大なポテトダンプリング…。どっしりがっつりお肉とポテト、どれも美味しくビールにも合う。ただ、多い。ボリュームがすごすぎてビールがもう入らない！　ビールと相性バッチリのドイツ料理が、その量ゆえに、愛するビールがたくさん飲めなくなってしまうなんて、悩ましい食文化だ。

　美しい街並みと陽気な人柄を紹介する予定が、結局ビールとお肉とソーセージになってしまった。美味しかったからしょうがないよね。

※５／ビールの醸造所にレストランが併設された場所。店内には大きな醸造機が置かれていて、生ビールはもちろん飲めるが、食事もできる。

※６／千切りにして発酵させた酸っぱいキャベツ。ドイツ料理には定番の付け合わせで、普通のキャベツだけでなく、現地では赤キャベツで作られたものも多く食べられている。

― Germany ―

1.ソーセージを買ったオーガニック食品の店。上質なお肉がたくさん。／**2**.友人宅にて、私の要望に応えて開いてもらったソーセージパーティー。わざわざ庭のグリルで炭を起こして焼いてくれた。／**3**.グリルやボイルなど調理方法を変えて、友人が調理してくれた様々なソーセージ。／**4**.ニュルンベルガー9本入り。／**5**.ニュルンベルガーを赤ビールとビネガーで煮込んだBlaue Zipfelという料理。赤ビールに当然合う。／**6**.バンベルクの老舗ブラウハウス。満席なので、とりあえずラオホビアだけ頼んで店の前で飲む人たち。／**7**.他のビール

— Germany —

に押されて一度消滅したのを、当時の製法で復活させたニュルンベルク伝統の赤ビール、Rotbier。／**8**.ニュルンベルクのダークラガー。飲みやすいけどしっかり苦みも。／**9**.ビールと一緒に頼んだ牛肉のポットロースト。ザワークラウトに、大きなポテトダンプリングが2つもついてきた。／**10**.ドイツならではの郷土料理はコレ、と教えてもらったグーズ（ガチョウ）のロースト。大きなポテトダンプリング付き。／**11**.スモーキーでどっしりしたバンブルグの燻製ビール、ラオホビア。ラオホは煙という意味。期間限定のUrbockというビールにありつけた。

089

凱旋門でHappy New Year!
フランス 〜France〜

年越しはどこで？ 一人旅は悩ましい

　X'masと年越しは、一人旅ではある種の脅威だ。滞在先で旅友ができるかどうかは、あくまで運。どの国でどんな催しがあるのか、一人でも楽しめる街なのか、誰かと一緒に過ごせそうか…。海外の宿で一人さみしく、気付けば年明け、なんていうのはやっぱりツラい。いつも行き当たりバッタリな私も、さすがにちょっと頭をひねった。

　ということで、私が年越しに選んだのは、皆様ご存知のパリ。こんな華やかな街で年を越すなんて思ってもいなかったが、他国で出会った旅人と再会したり、日本から友人が会いに来てくれたりと、予定の詰まった濃い年末年始になった。X'masマーケットも年越しまで開催されているパリ[1]、新年を盛り上がって迎えるには最高の街だ。

シャンゼリゼで乾杯！ 凱旋門対策は計画的に…

　ド派手な年越しを期待しつつ、友人と向かったのは凱旋門。テロ対策などで、その年はイベント詳細が出ていなかったのだけど、まぁ行けば何かあるだろうということで、なんとなくメトロで移動した。

　さっそく、しでかした。私たちは、最寄りのメトロ駅が封鎖される[2]ことを把握していなかったのだ。1つ手前の駅で大勢の人が降りたのだけど、「なんでだろうね〜」とのんきにそのまま乗っていた。電車は凱旋門に停まることなく通過…さらに先の駅で降りることに。やってしまった、年越しが迫る中での、痛恨のエラー！

　盛り上がる正面側[3]とは正反対の、まるで人気のない凱旋門の裏側

※1／パリ市内だけでも多くのX'masマーケットが開催されている。X'mas前や年内に終わるものもあれば、年始まで開催しているものもあったりと、それぞれ期間が異なる。

※2／凱旋門のメトロ最寄り駅、シャルル・ド・ゴール・エトワールは、イベント開催時封鎖され、乗降車できない。

を、正面へ回るべく必死で徒歩で戻る。が、周辺道路は規制だらけ。封鎖されているゲート前で、押し問答する人々の大混雑に巻き込まれている間に、正面側から響きはじめるカウントダウンのかけ声。

「スリー！ツー！ワン！」どーーーん‼ あぁ…花火上がっちゃった…。私たちがいたのは、健闘むなしく凱旋門の真横。隙間からしか見えないどころか、打ち上げ場所から近すぎて煙でむせる。花火の終了を待って、解除され始めた道路規制をかいくぐり、ようやく正面へ到着。凱旋門のプロジェクションマッピングになんとか間に合った。数十ヶ国の言語が順番に表示される中、無事日本語の「あけましておめでとうございます」を発見し、一応、ミッションコンプリート。

一段落したところで、おもむろに友人がカバンから出したのは、なんと金箔入りの日本酒！ ここで乾杯しようと、はるばる日本から抱えてきたとのこと。なんてありがたい…。新年のシャンゼリゼ通りで、日本酒で乾杯！ 出国ぶりに飲んだ日本酒は、もちろん格別だった。

カジュアルにフレンチを楽しもう

本場でコース料理を！ と張り切って行くには、言うまでもなく申し分ない国だ。では、うっかり長旅の途中で寄ってしまった、私みたいな低予算の旅人にとってはどうか？ 旅の目的は食なのだ。美食にありつかずしてこの国は去れず！ パリ・ディジョン・リヨンの３都市で、なんとかフランスの郷土料理をと、あれこれ奮闘してみた。CSとAirbnb[4]をフル活用し、皆様のご協力ありきで、民泊で浮かせた宿代を食に費やすという、豪華で優雅なスタイルとはかけ離れたフランス食旅を決行した。

日本に高級割烹から格安居酒屋まであるのと同じで、フランスの飲食店も業態は様々。コース料理が中心となる、いわゆるレストランはやはり高いが、大衆食堂的ポジションのビストロやブラッスリー[5]、

※３／シャンゼリゼ通りが正面側になる。

※４／CS（カウチサーフィン）は無料で、Airbnb（エアビーエヌビー）は有料で民泊先を探すサイト。

— France —

1.寒いヨーロッパのX'masマーケット。パリでもやっぱりホットワインは欠かせない。/ 2.カラフルなマカロンが積まれたお店は、フランスのX'masマーケットならではの光景。/ 3.大人気のヌガーのお店。巨大なヌガーを、適当な大きさにカットして販売してくれる。/ 4.凱旋門の正面、ではなく横だけど、人でぎゅうぎゅう。ちょっと見える花火で盛り上がる。/ 5.凱旋門のプロジェクションマッピング。何カ国もの言語が流れる中、ようやくでてきた「あけましておめでとうございます」。/ 6.映画アメリの舞台にもなったモンマルトルのカフェでブランチを。/ 7.アメリの舞台になったカフェにて、ブランチで頼んだ豪華な朝食セットと生ガキ。ついついワ

France

インも…。／8.パリと言えば、クロワッサン。パン屋ならしっとりサクサクのクロワッサンもたった1ユーロとお手軽。／9.カフェでの朝食メニュー。軽めにオムレツをと思ったら、卵3〜4個使ったくらいの大きなのが出てきた。コーヒーも巨大。／10.カジュアルなカフェも夜にはしっぽりバーに。食事をする家族や、カウンターでお酒をたしなむ人も。／11.しっかりメインのステーキだってカフェで食べられる。ソースはこだわりのシャンピニオン。／12.照明がともったカフェは、日中のカジュアルさが減ってちょっとムーディーに。／13.レストランの倍くらいのサイズで出てきた、お肉たっぷり牛のタルタル。フランスに行ったら食べておきたい一品。

そしてカフェと、おサイフ事情に合わせて上手に使い分ければ、節約旅行だってたらふく美味しいフランス料理が食べられるのだ。

　一番活用したのはカフェだった。朝食にも利用できるが、重宝したのは夕食だ。フランスのカフェはお酒も提供していて、夜になるとバー形式になる。牛肉タルタルなどの前菜からメインのステーキまで、しっかりした食事が楽しめる。朝から晩までフル活用できるのだ。

　そして、庶民の強い味方、ビストロ。カジュアルな上に、郷土料理が多いのも嬉しいところ。パリの老舗ビストロ、シャルティエ[6]では、前菜のお値段がなんと１ユーロから！　素晴らしい！　お手軽な小皿に、名物のパテ、メインに牛や羊のお肉を食べながらワインを飲むという、コース料理さながらの贅沢だってリーズナブルに叶えられるのだ！

　同じく大衆食堂だが、リヨンを訪れたら是非利用したいのがブション。食のレベルが高いと言われるリヨンで、気張らず郷土料理が楽しめる、リヨン特有のビストロだ。街のお母さんが、労働者のために安くたくさん食べられる料理を提供したのが起源で、お肉の様々な部位を使った料理を中心に、おなかいっぱい食べられるのが特徴だ。

　それでもやっぱりレストランに行きたい！　そんな時は、日本同様ランチタイムを狙っていこう。コースではなく、お得なランチメニューを提供する店もある。料理やワインの説明など、サービスの質はもちろんそのまま、料理のクオリティもバッチリだ。

　奥の手は市場。見た目にも鮮やかなお惣菜が手軽に買え、市場内のバーで軽く一杯、なんてこともできちゃう。スーパーで安く仕入れたワインと一緒に、帰ってゆっくり楽しむのも悪くない。

　安く手軽なフレンチ巡りをする旅も悪くない。でも、やっぱり次は、優雅にコース料理を食べに…なんて企んでいたりはするのだけど。

※５／いずれも大衆向けだが、ブラッスリーは元々ビール醸造所のことで、よりお酒の場としての意味合いが強い。だが、現地でもその線引きは実は曖昧。

※６／パリ９区にある、1896年創業の老舗。安く美味しくがコンセプトの、地元の人にも観光客にも人気の店。メニューは毎日刷られ、少しずつ内容が変わる。

気持ちは伝わる! 言葉の壁を乗り越えて

　美食の地ブルゴーニュ地方にある、マスタードで有名な街、ディジョン。とにかくたくさんのマスタードが売られていて、足を運んだ老舗のマイユでは、様々なフレーバーを片っ端から試食した。

　そんなディジョンでは、Airbnbで民泊をした。オファーはすぐに了承され、安心していたのだけれど、最寄り駅を目前にしても一切メールの返信が来なかった。もう着いてしまうのに、どうしよう…。そこで、ようやく気がついた。もしや…英語通じない？　慌てて、フランス語に翻訳ソフトで直して送ってみた。きた、瞬殺で返ってきた。困った、フランス語はマズい。いやー、やってしまった！

　実は大学で少しはフランス語を…ぼんじゅーる。あぁ、まるで歯が立たない。会話できずに初日が終わり、大撃沈。

　せっかくの民泊、これではもったいない。助けてGoogle先生！　フランス語に変換した文章を表示させたPC画面を見せて、必死に意思疎通を試みた。するとホストも、困惑した表情から一転笑顔で、向こうも一生懸命文章を打ってくれた。世の中便利になったものである。

　通じてしまえば後はお手の物、なんとも気さくなご夫婦は、フランス人の旦那様と、ガボン[8]人の奥様だった。翻訳ソフトが楽しかったようで、積極的に「会話」してくれた。すっかり打ち解け、料理を振る舞ってもらい、アフリカンダンスで盛り上がりつつ、自家製の果実酒で乾杯した。最終日にはお手製のクッキーと、ディジョンで有名だというお菓子まで持たせてくれた。名残惜しい素敵な滞在になった。その後も時々彼らはメールを送ってくれた。もちろん、フランス語で。

※7／日本でもメジャーなマスタード、マイユ。18世紀から続く歴史ある調味料ブランド。マスタードの他、ビネガーやピクルスなども販売している。

※8／中央アフリカの大西洋側に位置する国。かつてはフランスの植民地で、現在も公用語はフランス語。フランスへの移住者も多い。

France

1.茶色の屋根の建物が一望できる、丘の上からのリヨンの景色。／2.人気のブションは、ランチのピークが過ぎても満席。／3.リヨンの街を流れるソーヌ川沿いの景色。／4.色々な部位を使うブションらしい一品。牛骨をグリルしたロス・ア・モワル。骨の髄をスプーンですくって食べる。／5.ブションならではの、牛ハチノスのカツレツ、タブリエ・ド・サプール。しっかりマリネして臭みを抜いた、ボリューム満点の料理。／6.ピークタイムのシャルティエ。お店の外に行列ができるが、回転は速い。ピークを避けて早めに行くのがお薦め。／7.ビストロはワインも安い。気兼ねなくボトルでオーダーできる。／8.付け合

— France —

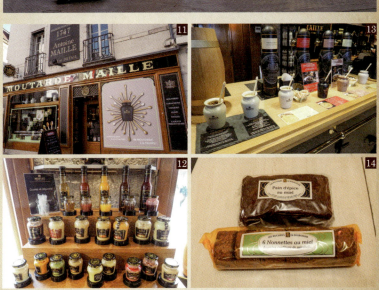

わせとしてしばしば出てくるグラタン。濃厚でおいしいが、これだけでオナカいっぱいになってしまう。／**9**.メインで頼んだ牛ホホ肉の煮込み。リーズナブルだけど本格派。／**10**.ディジョンにある凱旋門、ギョーム門。／**11**.マスタードの老舗、マイユの外観。／**12**.マスタードにビネガーに、とにかくフレーバーの数が多い。これだけの種類のマスタードにはなかなかお目にかかれない。／**13**.マイユでは、コンクから、リユースできる専用ポットにマスタードを注いで販売してくれる。／**14**.ディジョンで有名だということでホストファミリーが買ってくれた、ディジョンで有名だというスイーツ。旅のおともにありがたかった。

097

アルプスの麓でとろけるチーズ
スイス ～Switzerland～

知ってはいたけど、やっぱり高い！

　アルプスの大自然が美しく、そして世界で最も物価が高いとも言われる国、スイス。格安世界一周旅ではキツイと思いつつも、旅中に仲良くなったスイス人に再会すべく、覚悟を決めてチューリッヒへ向かった。やっぱり、高かった。1日だけ戻ったドイツ[1]が安く感じた。

　久々に再会したのは、ブラジルの宿のルームメイトだったのだけど、旅人のお財布事情をよく理解していた彼女は、ママの車を拝借して、彼女の住む街バーデンをドライブしてくれたり、徒歩での市内観光など、エコ旅に付き合ってくれた。「外食は高いから！」と、スーパーでチーズやハム、ワインなどを買い込んで、チューリッヒ湖畔でピクニックしたりしていた。スーパーさまさま、旅人の救世主である。

グローバルすぎて…

　九州程の面積しか無い小さな国だが、5ヶ国[2]もの国と国境を接しているスイス。スーパーの食材は、周辺諸国からの輸入品がほとんどだった。接している国が色々なので、地域毎に文化も違う。ドイツ国境から近いチューリッヒをはじめ、70％の地域では、ドイツ語（スイスドイツ語）が主流で、街の看板などももドイツ語表記である。

　友人のママはイタリア人なので、彼女はイタリア語も話した。そしてドライブ中にはフランスのBGMを、フランス語で口ずさむ。「どれが母国語なの？」と聞くと、「全部かなー。うっかりママにイタリア語じゃなくてフランス語で話しかけちゃったり、時々混ざっちゃう。

※1／税関がないので、徒歩でも簡単に国境が越えられる。ドイツと国境を接するボーデン湖畔では、スイス、時々ドイツという行ったり来たりができる。

※2／ドイツ・フランス・イタリア・オーストリア・リヒテンシュタインと国境を接している。スイスのロマンシュ語というのもあるが、母語にしている人は少ない。

全部中途半端な感じ。」と答えた。島国ニッポンとは正反対である。個性がないと言っていたが、多彩なのがスイスの個性だと思う。

▎アルプスの山々と、念願の本場チーズフォンデュ ▎

　若い頃スイスに行ったという父の「スイスのフォンデュはうまかったなぁ」発言により、我が家では時々チーズフォンデュが食卓に上がった。スイスのフォンデュはきっとこんな感じだろう、と妄想しながら食べてきたが、ついに本場で味わえる機会が巡ってきたのだ！

　友人が予約してくれた、チーズフォンデュの専門店へ、ソワソワしながら乗り込んだ。まずは、スイス産のビールで乾杯。スイスらしい赤白チェックのテーブルクロスに、フォンデュストーブが置かれ、その上にチーズがたっぷり入った赤色のフォンデュ鍋がセットされた。バゲットとポテトが運ばれてきて、準備完了。野菜やお肉は入れず、シンプルにこれだけ。主役はチーズなのだ。濃厚リッチなのにたっぷり漬けても胃もたれしないさらっとしたチーズ。鍋底にできるお焦げを密かに楽しみにしていたが、焦げ付く前にぺろりと平らげてしまった。念願の本場の味、チーズの美味しさが予想以上で大満足！

　その後、アルプスの絶景を拝むべく、スイスを南下。中部のニーダーホルンを経て、マッターホルンの麓の街ツェルマットへと移動した。絶景を見ようと湖を回るも、曇りがちでなかなか山頂は見えず…。山がダメならせめてまたフォンデュを！　と、貧弱なお財布を抱えて飛び込んだのは、名店のスイスシャレー。様々なフレーバー[3]があったが、今回はハーブ入りを選択。濃厚なチーズはハーブに負けること無く、爽やかな香りがさらに食欲をそそった。止まらない美味しさ、やっぱりお焦げはほとんどできる間もなく、食べきってしまった。

　最後の朝、ようやく全景を見せたマッターホルンは、朝焼けで真っ赤に染まった。アルプスとチーズ、こんな幸せったらない！

※3／もちろんノーマルは王道だが、トマトや、オニオン＆ベーコン、黒トリュフなどのフレーバーフォンデュもある。

Switzerland

1.丘の上から見渡したチューリッヒの街並み。／**2**.美しくのどかなチューリッヒ湖。海がないので、夏はみんなここで泳ぐのだそう。／**3**.シティタワーと呼ばれる、バーデンの街のシンボルともいえる時計台。白の建物が景色に映える。／**4**.チューリッヒ湖の湖畔でピクニック。ハムにパン、スイスワイン、ヴェラというヨーグルトの上澄みを使ったスイス人愛飲のドリンク。／**5**.チューリッヒからドイツ国境は遠くない。日帰りで行った国境のボーデン湖。スイス側から見た景色。橋の向こうはドイツ。／**6**.右足はスイス、左足はドイツ。税関の

— Switzerland —

ない国境は、出るも入るも自由だ。／**7**.ようやく全景を見せてくれたマッターホルン。朝焼けで頂上部分だけが真っ赤に染まる。／**8**.自国のビールをこよなく愛するスイス人。レストランで飲んだスイスの地ビール。／**9**.硬くなったり、オイルが浮いたりしないさらさらのチーズフォンデュ。もたれず、ペろり。／**10**.チーズフォンデュの付け合わせのポテト。かわいいカゴに入って出てくる。さっぱりピクルスはおつまみ兼お口直し。

101

地中海の恵みで作る美食と島ライフ
イタリア 〜Italy〜

現地で食べるべきイタリアンとは

　言わずと知れた、世界有数の美食国家。日本で食べるイタリアンも美味でしょ？　と思ったアナタ。確かにそう。でもやっぱり本場はすごいのだ。何がって、食材がすごい。地中海の太陽で育つ野菜、上質なオリーブオイルにバルサミコ、摘みたてハーブに数々のソーセージ、チーズなど。こんなに素晴らしい食材に恵まれた国は、世界広しといえどなかなか無い。これらを惜しげも無くたっぷり使うのだから、美味しいに決まっている。日本では高い食材も、安く手軽に楽しめる。できたての水牛チーズ、とろけるほど薄切りにしたパルマの生ハム、ハーブとチーズを包んだ生パスタに、ワインを1本贅沢に使った煮込み…現地ならでは、を追いかけるだけでもキリがない。

島を出ずして世界を知る! ホストの達人

　世界遺産の数No.1、ローマにフィレンツェ、ベネツィア…誰もが知る超人気旅行地は、どこも各国からの観光客で溢れ返っていた。各地で美食をたいらげ、観光もそこそこに、私は舟で本土を離れた。

　向かったのは、ティレニア海[1]に浮かぶサルデーニャ島。魚に貝にカラスミに…海の幸三昧、そしてホームステイでの滞在だ。

　イタリア人の旅友と予定が合わず、なんとか家庭料理にありつきたかった私は、CS[2]で1人のホストを見つけた。世界約40ヶ国から、150人を越える旅人を受け入れてきた、ホストの達人だった。

　彼の家は、これまでに泊まった旅人からのお土産や、海外からの手

※1／地中海の一部、イタリア半島の西側の海。サルデーニャ島へは、イタリア本土の各都市からフェリーが出ている。

※2／カウチサーフィン。宿泊させてくれるホストの検索サイト。どこの国から何人くらい受け入れたか、またレビューなどがプロフィールで見れる。

紙がそこかしこに置かれ、壁の世界地図はゲストの寄せ書きで埋め尽くされていた。本人はほとんど島から出ず、旅行もしないのに、そこらの旅人より世界に詳しいというツワモノだった。

彼は淡々と私にいくつかの質問した。ひとしきり聞き終えて、ようやく「前に泊めた日本人が物静かすぎて、何がしたいのかわからなかったんだ」と、フレンドリーな対応になった。「ここに来た目的は、サルデーニャの食と家庭料理とお酒！」と、ハキハキというか、ずけずけ物申す私に「あんた、ヨーロッパ人みたいだな」と笑った。イタリアで謙虚は通じない。笑顔で堂々と攻めるに限る！

サルデーニャワインはタンクから豪快に

さすがは達人、目的がわかれば話が早い。「買い物行くよ」と、早速連れて行かれたのは、近所のワイン販売店だった。サルデーニャのワインは、ステンレスタンクで発酵・熟成されるのが特徴だそうで、店には、温度管理のできる大きなステンレスのタンクがいくつも並んでいた。1ℓ2ユーロ程度、というのがこのお店の価格だが、ボリュームディスカウントの価格もあり、大量買いすれば1ℓが100円台という破格で購入できるようだった。

彼のオーダーを受けた店員は、タンクからペットボトル容器へワインをダバダバ移し替えた。瓶詰めされたものも売っているが、タンクのワインはリッター単位の量り売り。店内には、空のペットボトルが大量に積まれていた。「安いねぇ」というと「だろ？　だからどれだけ飲んでも大丈夫」と、友人宅への分も入れて、大量買いしていた。

新鮮な魚介の正しい食べ方とは？

魚介が食べたいという私のリクエストで、次に訪れたのは魚屋。魚屋といっても、ちょっとした市場くらいの品揃えだ。顔なじみの店員

— **Italy** —

1.食べたことないほど、薄くふわっと溶けるパルマの生ハム。赤のスパークリング、ランブルスコと一緒に。／**2.**水牛モッツァレラでクリームを包んだブッラータチーズ。とろける食感と、たっぷりまぶした白トリュフが贅沢！／**3.**ボローニャの名物パスタ、トルテリーニ。リコッタとほうれん草が入っている、つるっともちっとしたパスタが美味！／**4.**イタリアでよく料理に使われる花ズッキーニ。チーズを包んでフリットに。サクッと軽い食感がクセになる。／**5.**ローマ近郊の街オルヴィエートの名物パスタ、ウンブリケッリ。ちょっと太めのもちもちパスタを、黒トリュフのソースで。／**6.**イタリアでも生のお肉が楽しめる。牛肉のタルタル。／**7.**やっぱりジェラートは外せない。濃厚なクリームに贅沢なチョコレート、ちょっと変わったフ

— *Italy* —

ルーツまで。/**8.**サルデーニャの街のワイン店。タンクから購入分のワインをボトルに注いで売ってくれる。/**9.**サルデーニャ島の様々なところで見かける、大きな実をつけたオリーブの木。/**10.**エメラルド色に澄んだ水が美しい、静かで穏やかなオルビア近郊のビーチ。くつろぐ親子と、セーリングを楽しむ人。/**11.**ムール貝とアサリのスープに、サルデーニャ名物の薄焼きパン、パーネカラザウを添えて。/**12.**カラスミは名産だが、ボラそのものも食べる。しっかりマリネしたボラは臭みなく美味しい。盛り付けも鮮やか。/**13.**アサリダシが効いたパスタに、たっぷり名物のカラスミをかけて。ワインが進んで困る。/**14.**魚介のパスタはこれでもかという種類の魚介が入っていた。ムール、アサリ、エビ、カニ、イカ…もりだくさん。

105

と雑談を交わし、彼は大量のエビとフレッシュなカキを購入した。

帰ると早速、カキの殻開け大会が始まった。その辺のナイフでゴリゴリこじ開け、剥きたてをちゅるっといただいた。久しぶりの生ガキだった。やっぱり、島の食材は鮮度が良くて美味しい。

そして、大量のエビはというと、フライパンへオールイン。ワインとトマトを追加し、そこからじっくり、じっくり…急がず慌てず…。パスタである。イタリア人のパスタにかける情熱を侮ってはいけない。そこから完成まで、なんと数時間。素材の味が沁み渡ったソースを作る為、いくらでも待つ。出来上がったパスタは、エビ出汁しっかりの贅沢なお味! 当然ワインとの相性はバッチリだ。ただ、旨味を余すところ無く放出したエビは…当然、ちっちゃく縮んでいた。メインはあくまでもエビではなく、エビの旨味を吸ったパスタ[3]なのだ。

ゆったりのんびり、友達と、パスタと

彼の家に友人が来たり、友人宅や実家へ行ったりと、連日どこかで誰かと一緒という、にぎやかな日々だった。明るく開放的な家、オリーブの木が茂る広い庭、イタリア雑貨で取り揃えたキッチン。そしてのんびりした人たちが集う、島国ライフだった。ローマの喧噪が嫌で移住したという人もいた。離島生活に憧れるのはどこも一緒だ。

皆が作るのはいつも無添加パスタ、そしてソース作りもスープ作りもゆっくり数時間をかける。ハーブもチーズも全てフレッシュ、オーガニック料理がここでは当たり前だった。どのソースにどの形のパスタを合わせるか、という点だけは毎度真剣に議論していた。

自然を満喫するために作られた、リラックススペースのテラス、飲みの場のギターとイタリア音楽など、食も含めて、人生を明るく楽しく、それがサルデーニャスタイルだった。

パスタ以外の料理は、観光ついでに街のレストランで食べておいた。ありがたい家庭料理、でもやっぱり毎食パスタは…ね。

※3／あくまで、家庭料理の話。お店ではちゃんとプリプリのエビがのってくるところももちろん、ある。

世界中で旅友を作ろう！

　各地でちゃっかり人様の家にお邪魔したり、旅仲間を見つけたり…こうやったら楽しい旅になる、という私なりの「旅友の作り方」術。

旅友ができる宿

　下調べ無しで飛び込む場合はさておき、事前にチェックできるのが宿予約サイトのレビュー。どこの国の旅人レビューが多いかで、なんとなく客層もわかる。「たくさん友達ができた」とか、「宿のイベントがよかった」という書き込みがあれば、大体交流の場になる共有スペースが充実していたり、宿主催のBBQや料理体験、バル巡りツアーなんかがあったりする。輪に入ってしまえば、一瞬で旅仲間が増えるのだ。

　ドミトリーに泊まる時は、ルームメイトとしっかり挨拶しておこう。会話が弾めば、そのまま旅仲間に、なんてことも結構ある。

民泊サイトを活用する

　無料の民泊ホスト検索サイト、カウチサーフィン（CS）を活用してみる。安全面も考慮して、これまでの宿泊者のレビューを読んだり、なるべく夫婦やファミリーのお宅を選んだりするのがベター。ホストが自己紹介に書いている趣味などは、キーワードで検索できるので、私の場合は「料理、食、酒」などで検索して食好きホストを探してオファーしていた。無料の民泊は不安…という人は、手始めに有料サイトAirbnbで信頼性の高い宿を探してみる方がハードルは低いかもしれない。

イベントに参加してみる

　民泊はちょっと…という人は、CSで地域のイベントを探してみる、という手もある。内容は色々だが、純粋に地元の人と旅人を集めて食べて飲んで、というCSミーティングなるものが各地で開催されている。郷土料理が食べれるお店で、ということも多いので、観光としても、情報収集や友達作りにも手軽に参加できて一石三鳥だ。

とにかく、人見知りしないこと。日本人同士も気楽だけど、せっかくの旅、現地や海外の人としゃべり倒してワールドワイドにいこう！

世界一ビールを飲むのはこの国
チェコ ～Czech Republic～

安く手軽に、食べて飲んで楽しく酔う!

　水よりもビールが安いと言われたりするチェコ。さすがに水よりは高いが、ジュースを買うのとさほど変わらない、そのくらい手軽に飲めてしまうからお酒好きにはたまらない。小さいものも含めるとブリュワリーの数は非常に多く、ゆえにビールの種類もとても多い。1人当たりのビール消費量も、名だたる飲んだくれ国を抑えてぶっちぎりのNo.1。美しい街と、音楽と、ビール。心身ともに酔える国だ。

1.ビール博物館、という名のビアバーにて。とにかく種類が多くて迷うが、ジャンル別に小グラスで色々手軽に飲み比べできる。／**2**.鹿肉のワインソース煮込み。チェコではジビエ料理も定番。付け合わせには、細切りポテトを固めて焼いたロスティを添えて。／**3**.柔らかい牛肉に、セロリアックなどの根菜を煮込んだスヴィチュコヴァーというソースを絡めた料理。スメタナというクリームにクランベリージャムを添えて。／**4**.中にパプリカが挟まったソーセージのピクルス、ウトペネツはチェコの居酒屋では定番のおつまみ。

1. ランビック醸造所で飲んだビール。しっかり管理された、本来の味が飲めるのはここだけの贅沢。／2. 老舗レストランで頼んだランチビール。どの店でも種類が多すぎて選ぶのが大変。／3. ムール貝のワイン蒸しにフライドポテトを合わせた、ベルギー名物ムール・フリット。同じく郷土料理のトマトと小エビのサラダと一緒に。／4, 5. ピンクの象がシンボルの名店デリリウム・カフェで飲んだビール。ギネスにも登録された、世界一の銘柄数をそろえる店だ。／6. ブリュッセルの中心部にある広場、グラン・プラス。11月末〜2月中旬はプロジェクションマッピングで華やかに彩られる。

目で見て、食べて飲んで楽しめる国
ベルギー 〜Belgium〜

とてもじゃないけど飲みきれない、ビールの種類がとにかくスゴイ！

　チョコレートにワッフルに…スイーツが有名な国。でもお酒飲みにとってはやっぱりビールの国！ちょっと物価は高いけれど、日本より安くすごい種類のビールが楽しめる。魚介もジビエもチーズも…料理が先か、お酒が先か。醸造所巡りで、自然酵母で作る現地ならではの厳選ビールを味わうもよし。歴史地区を見つつ腹ごなしをするもよし。結局行きつく先は美食と美酒！

情熱の国のホストファミリーはパーフェクトガイド
スペイン ～Spain～

サラゴサランチはママの味

　限られた旅の時間と予算を、日本からもっと行きにくい国に使おう。そう思って、短期滞在のつもりでいたスペインは、最も長く滞在した国の一つになってしまった。理由は、2都市目に滞在したサラゴサでのホームステイだ。彼らの情報提供のおかげで、見たい街がどんどん増えて、気付けば14もの都市を訪問していたのだった。

　ルーマニアで出会った旅友は、私のお宅訪問を快く受け入れてくれた。彼には優しいママとしっかりもののお姉さん、そして毎日と言っていい程会っている親友がいた。彼らが私の司令塔だ。

　私の旅についてのミーティングはランチタイム。観光で遠出をしていない日は、みんなでママのお手製ランチ、というのがお決まりだった。ママは、サラゴサ名産テルナスコ[1]のグリルをはじめ、シーフードパエリアやスペイン風のチキンカツ、野菜のスープなど、毎回献立を変えて、郷土料理を作ってくれた。ワインを飲み、ご飯を食べながら、主にお姉さんが中心となって、サラゴサのおススメ料理やお店を教えてくれた。それが元でこの街の滞在もずるずる延びたのだけど。当初はサラゴサ情報だけだったが、私の出発が近づくと次の目的地選びに変わっていった。バスクのグルメをビルバオで、次はサンタンデールで海鮮を食べて、オビエドでシードル[2]を…と、とりあえず北スペインのルートが確定したのだった。この時点で既に予定になかった街への訪問が決定。サラゴサを発った後も、遠隔で飛んでくる魅力的な情報によって、私のスペイン滞在はどんどん延びることになる。

※1／生後70～100日、体重10～13キロの仔羊のこと。サラゴサがあるアラゴン州はテルナスコの名産地。

※2／ビルバオ、サンタンデール、オビエドはいずれも北スペインの沿岸部の街。バスク地方はフランスとスペインにまたがる地域で、美食の地とも言われる。ビルバオはそこに属している。シードルはリンゴを発酵させたお酒。

伝統料理とモダングルメ

　サラゴサでは、彼らとよく飲みに出かけたが、彼と親友は比較的食に保守的、お姉さんは新しいモダンなお店好きということもあって、伝統料理や老舗のバル、そして最近出来たちょっとオシャレなタパスバル[3]といったバリエーションを試してみることができた。

　この街の名物は、ミガスという料理だ。砕いたパンを炒めたものの上に、好みの具を乗せるのだ。パンがカリカリして美味しいのだけど、油を吸ったパンはちょっと重たい感じもする。スペインの伝統料理を求めて行くと、ちょっとしたスタミナ料理みたいになってくる。

　彼らがいつもよく行くという老舗のタパスバルは、さらに上を行くなかなかジャンクな感じだった。思った以上に揚げ物やマヨネーズ、チーズがのったものが多いのだ。バカラオという塩ダラのコロッケや、チョリソーに衣を付けて揚げたもの、チチャロンという皮付き豚のカリカリ揚げなど。カウンターから好きな物をセルフで持ってくる店だったが、彼らに任せたら揚げ物山盛りプレートが出来上がってしまった。ちなみに、タパスには色が付いた爪楊枝が刺さっていて、何色がいくら、という風になっている。好きな物を取ってきて食べて、最後にどの爪楊枝が何本かを確認して会計をする。タパスの会計が、回転寿しの皿の仕組みと同じだとは意外だった。

　一方、モダンなタパスバルの方は、1つ1つが一品料理として美しく仕上がっていた。バカラオはナッツをまぶして揚げてあったり、モルシージャというブラッドソーセージも、生ハムで巻かれていた。バゲットの上にフィレ肉とフォアグラがのったものもあって、バルというよりレストランのようだった。伝統バルの活気はとても楽しいし美味しいけれど、スペイン旅はグルメにモダン派で行こう…と決めた。

※3／タパスは、小皿料理のこと。バルはバー(bar)のスペイン語。小さな小皿料理を中心に置くタパスバルがスペイン各地に存在する。普通のレストランや食堂でも、1人前サイズと小皿のタパスから料理のサイズが選べる店もある。

— Spain —

1.サラゴサの聖母ピラール教会にあるタワーの上から見た街並み。／**2**.ランチを作ってくれるママ。／**3**.エビと野菜のダシが美味しいシーフードパエリア。／**4**.お肉と野菜のリゾット。／**5**.チーズなどを加えた衣を付けて揚げたチキンカツ。／**6**.サラゴサ名物のミガス。生ハムをトッピングしたもの。油を吸った砕いたパンが、サクサクだけどちょっとヘビー。／**7**.ナッツをまぶしたバカラオ（干した塩ダラ）を揚げたもの。／**8**.バ

— Spain —

ゲットにフィレ肉とフォアグラを乗せたタパス。もはやメインディッシュのよう。／**9**.モルシージャというスパイスの効いたブラッドソーセージを生ハムで巻いたタパス。／**10**.老舗のバルはボリューム満点のタパスが多い。好きなものをセルフで小皿に取っていく。

シエスタで完全復活!

　サラゴサの司令塔の指示通り、ビルバオでバスクの美食を堪能し、海鮮料理をとサンタンデールを訪れた。聞いていた通り魚介類が多く、メルルーサのココチャスのピルピル[4]や、巨大な串にタコ・エビ・アンコウを刺したグリルなど、一風変わった料理を楽しんだ。

　迎えた２日目、人気だと聞いた海鮮レストランを訪れた。店内はお客さんでほぼ満席で、６人グループの隣のテーブル席に通された。生ガキと茹でガニをオーダーし、一人黙々と、これでもかと隅々までカニを食べきった。隣のグループの１人が、その様子を見ていたようで、「パーフェクトに食べたね!」と笑って話しかけてきた。１人はこの街の人で、他の人たちは彼女の家に遊びに来た友人たちとのことだった。「今夜、みんなでホームパーティーするの。あなたもいらっしゃいよ!」とお誘いを受け、勢いでお邪魔することにした。

　お宅に着くと、驚きの展開が。「私たち、これから寝るから。あなたもしばらく寝たら?」と。まさかのお昼休憩、シエスタ[5]である。スペインのお昼休憩は長い。でも、初めて本気で昼寝する人と遭遇した。散り散りにゲストルームに寝に行ってしまう。仕方ないので、ソファでごろごろして待つことに。ようやくお昼寝タイムが終わり、別の友人も到着して、ゆっくりとパーティーの準備に入った。

　食べて、飲んだ後は歌って踊る。みんな驚くほどうまく、情熱的にサルサを踊っていた。さらっと踊れるってスゴイ。日付も変わり、そろそろ解散かと思いきや「クラブ行くけど、一緒に行く?」と言い出した。散々歌って踊ってたのに、なんて体力なんだろうか。みんな私より一回りほど上の人たちだったが、まだまだこれからという感じだった。恐るべしシエスタの威力。彼らの夜は長いのだ。

※４／メルルーサという魚の、下あごの骨の回りのお肉(ココチャス)の、魚から出した出汁でオリーブオイルを乳化させたソース(ピルピル)という料理。

※５／長い昼休みという意味で、単純に休憩するだけの人も多く、必ずしも昼寝をするものではないが、お昼を食べて少し寝る人もいる。ちなみに観光地もシエスタで昼は閉まるので要注意。

宿の予約は争奪戦！カーニバルと海の幸

　スペインと言えばカーニバル。特に夏のシーズンを中心に、各地で催される。スペイン南部に滞在していた時に、こちらもサラゴサの司令塔から「そこから近い街でカーニバルがあるから行っておいで！」との情報が届き、カディスという街を訪れた。数日に渡って様々なスケジュールが組まれているカーニバルには、国内外からたくさんの人が訪れる。当然、街の宿は争奪戦、空室など全然なかった。言われるがままふらりと街にたどり着いてしまった私は、劇的に値上がりした宿の中から、カーニバル初日までなら泊まれるという安宿を、ようやく1軒発見することができた。初日しか見れないのは残念だったけど、混雑の中行き当たりばったりで泊まれただけで上出来だ。

　そんなカディスは、小さい街ながらも、巨大で美しい教会に、古くから残る美しい街並み、そして地中海に面した海岸線には古い要塞も残っているカッコイイ街だった。そして、地中海に面していて、魚介類も豊富。街の市場は新鮮な魚介類で溢れ、タパスバーからレストランまで様々な海鮮料理を楽しむことができた。ピンチョス[6]も、フレッシュなマグロが使われていたし、珍しくウニも食べることができた。

　そして迎えたカーニバル当日。仮装パーティーのような盛り上がりを見せる街で、イベントステージ[7]を巡って歩いた。もちろん屋台でビールとおつまみ、生ウニもゲット。細い通りを埋め尽くす人たちが、お酒片手にステージイベントのある場所目がけて流れて行く。良いポジションを！と気合いを入れすぎて、最前列が確保できてしまったために、演者とくっつくぐらいの距離でイベントを楽しんだ。

　グルメに見どころにイベントまで、サラゴサの家族からの情報は、スペイン完全攻略ガイドだった。美味しく楽しい旅をありがとう！

※6／いくつかの食材を串に刺した、一口サイズのちいさな料理。

※7／開催日毎のイベントスケジュールが公開される。街中の数ヵ所にステージが設置され、各所でスケジュールに合わせてイベントが催される。

— Spain —

1.バスク地方、ビルバオのタパスバル。洗練されたオシャレタパスが多い。／**2**.魚介の街サンタンデールで食べた、メルルーサのココチャスのピルピルソース。／**3**.バスク地方、ビルバオのレストランで。イベリコ豚のグリル。／**4**.お店オリジナル、巨大な串焼きブロチェッタ。タコ・アンコウ・エビの組み合わせ。／**5**.サンタンデールのレストランで食べた大きな生ガキ。／**6**.大人気でほぼ満席だったサンタンデールのMarchoとい

— Spain —

う海鮮レストラン。カニを食べていたらお隣さんにホームパーティーに誘われた。／**7**.カーニバルへの準備はオッケー？ みんな仮装に気合を入れる。／**8,9**.街中の色んなところに特設の小さなステージが開設される。近寄りすぎて迫力満点。／**10**.カーニバル会場の屋台で食べたウニ。その場で開けてくれる。／**11**.カーニバル会場の屋台で買った貝。ちょっとずつ中を出して食べて、ちびちびおつまみ。

117

美味しい料理いっぱい、オナカいっぱい！
ポルトガル 〜Portugal〜

いざ、ユーラシア大陸最西端の国へ

　ブルーのタイル「アズレージョ[1]」に彩られたポルトから、情緒溢れる坂道をトラムで登ったリスボン、ただひたすらに青い海と絶壁のコントラストが美しいラゴスへと、北から南へ縦断したポルトガルの旅。大西洋の新鮮な魚介を平らげようと、意気揚々と乗り込んだのだが、その食文化は魚介だけに留まらず、幅広く魅力に溢れていた。遥か昔、大航海時代からのお付き合いである割に、日本では馴染みの薄いポルトガル料理。数ヶ月のヨーロッパ旅を経て、すっかり大きく成長した胃袋で、知られざるポルトガル料理をたっぷり満喫した。

ポルトのソウルフードはパンチ力あるスタミナ料理

　ポルト到着初日、私はCS[2]で見つけた「ポルトの郷土料理、フランセジーニャを食べる会」なるものに参加した。旅行者に郷土料理を紹介することに情熱を燃やす、生粋のポルト人が主催のイベントだった。彼のプロフィールは、ポルトの食、観光、文化など、膨大な情報でびっしり埋められていた。あまりの情報の多さに、肝心のフランセジーニャが何なのか、読み飛ばしてしてしまったほどだった。

　訪れたイベントの集合場所は、1軒の裏路地カフェ。名前はカフェとなっていたが、どちらかというと地元感溢れる食堂といった感じの雰囲気の店だ。待っていた主催者は、おしゃべりの私でも話を挟むスキがないほど、ポルト愛全開のマシンガントークを展開する、愉快なおじちゃん、というかおじいちゃんだった。

※1／ポルトガル伝統の装飾タイル。ポルトガルだけでなく、イベリア半島でも見られるが、中でもポルトのサン・ベント駅は世界遺産にもなっている。

※2／カウチサーフィン。宿泊させてくれるホストを探せるサイトだが、交流の場となるイベントを開催したり、それを探して参加することもできる。

まずは、ヴィーニョ・ヴェルデで乾杯。ヴェルデとは緑の意味で「緑の地」とも言われる自然豊かなミーニョ地方で生まれた、ポルトガル名産ワインだ。微発泡でスッキリさわやか、とても飲みやすい。
　その爽やかなワインに続いて出て来たのが、見るからにコッテコテ感がすごい、四角い巨大なフランセジーニャ。その正体は、層になった牛肉とベーコンをパンで挟んだスタミナ料理。パンが完全に見えなくなる程かかったチーズに、半熟目玉が乗った、破壊力バツグンのボリュームだ。添えられた山盛りポテトがこれまたすごい。ずっしり重いのだけれど、溢れるお肉の旨味と自家製ソースの魅惑に勝てず、苦しいながらも平らげた。「女性でこれを完食する人はなかなかいないよ！」と笑われた。うん、そうだろうなと私も思う。

なにはさておき、バカリャウ

　私の食べっぷりを見て、「明日も別の店で旅人を集めてランチ会をするからおいで！」とイベント主催のおじいちゃんからお声がかかり、翌日もさらなるポルト名物を食べにレストランへ。「予約無しじゃなかなか入れないんだよ」という地元の有名店は、本当に満席だった。
　前日同様ヴィーニョ・ヴェルデで乾杯し、ポルト定番だという料理が運ばれてきた。メインは、ポルトガル料理に欠かすことのできないバカリャウ[3]だ。乾燥させた塩ダラのことで、バカリャウだけの料理本があるくらい、レシピの数が無限にあるメジャー級の食材である。
　この日のメニューは、素揚げにしたバカリャウにフライドポテトをこれでもかと乗せたブラガ、そしてマッシュポテトと一緒にマヨ焼きにしたバカリャウ・ア・ゼ・ド・ピポの2品。もう、字面だけでもヘビーなのが伝わるだろう料理たち。ブラガは、どこにバカリャウがいるのか、ポテトで見えない。どちらも美味しいし、ワインとも合う。ただ、量が多い、とにかく多い。味より量でノックアウト！

※3／スペイン、イタリアでも食べられるメジャーな食材。巨大な乾燥タラを市場などで見ることができる。水で戻し、塩抜きして料理に使われる。

— **Portugal** —

1.ポルトの街並み。奥に、この街の象徴ともいえるクレリゴス教会の塔が見える。／**2**.オレンジのライトが美しい、ドウロ川にかかる橋とポルトの夜景。／**3**.約5万枚のアズレージョで彩られた、サン・ベント駅の内観。／**4**.たっぷりのったチーズとタマゴ、見るからにちょっとジャンクでスタミナ満点のフランセジーニャ。／

― Portugal ―

5.バカリャウが見えなくなるほどポテトが山盛りのった、バカリャウ・ア・ブラガ。／6.マヨネーズとポテトでこっくり、どっしりなバカリャウ・ア・ゼ・ド・ピポ。／7.バカリャウとポテトはお友達。卵と一緒に炒めたマイルドなお味のバカリャウ・ア・ブラスは、地元っ子おススメの一品。

121

料理はこれで終わらなかった。ちゃんとお肉料理も頼んでいた。コチラも名物のコジードだ。様々な部位の肉と野菜、モルセーラ[4]という血のソーセージの煮込みが、お米の上にどんと盛られている。見た目はコレが一番重いかと思いきや、柔らかく煮込まれたお肉は脂っこくなく、お米とあいまって一番さっぱり食べられたのだから驚いた。

　とりあえず、これでしばらくバカリャウはいいか…と思えるくらい食べた。のだけど、この後も滞在中に何度も登場した。この国で、バカリャウを避けて通ることはできないのだ。

やっぱり鮮魚が食べたいの！

　旅の序盤はこってりお肉とバカリャウに始まったが、当初の目的に立ち戻り、この後は鮮魚を使った料理に走った。とはいえ、やっぱり量は多いので、歩き回って観光しつつ、消化するのに必死だった。

　そう、ごはんのパンチ力で忘れてはいけない。見どころ、歩きどころの多い国なのだ。坂を登らないと見れないポルトの夜景や、ポルトの街を見渡せるクレリゴスの塔。坂道だらけのリスボンに、数キロにも及ぶラゴスの海岸線の遊歩道。時間を忘れて歩き回れる絶景に溢れているのだから、観光して、ごはんを食べてが延々できてしまう。

　鮮魚を使った料理は、さっぱりしているものが多かった。タコや魚介のリゾットは、出汁を吸ったアルデンテのお米がさらりと食べられる優しい味。ビネガーが効いたイワシのエスカベッシュや、ピリピリソースで食べるエビに、アサリの煮込み、生ガキ…。探してみれば、あるわあるわ、1人でも食べきれる新鮮な魚介料理の数々！肉厚な魚のグリルはハーブで爽やかに仕上げてあるし、オリーブオイルとビネガーで自由に食べてちょうだい、なんていうシンプルなボイルのお魚料理まで。1人ではハーフポーション[5]も完食できない国かと思っていたけど、お魚バンザイ。軽めで美味しい料理にたくさんありつけ

※4／ヨーロッパ各地で食べられるブラッドソーセージ。血液を、内臓やお米などと共に腸詰めしたものだが、香辛料がパキっと効いて、臭み無く、美味。

※5／料理によってはハーフサイズで提供してくれる店がある。元が多すぎるので、ハーフといっても、日本人の感覚だと1.5〜2人前くらいの大盛りサイズ。

た。おかげで、隙間でエッグタルトやチーズを楽しむ余裕もできて…で、結局オナカいっぱいになってしまう。罪な国だ。

┃おススメの「アレ」を出すお店は、リスボン1安全な店？┃

「本物のローカル料理を食べたかったらこの店に行くといいよ！」と、ポルトでのイベント参加者に教えてもらい、向かったのはリスボンのとある食堂。観光エリアを外れた場所にある、地元の人が集まる小さな店だった。事前に連絡を入れておいてもらったおかげで、「聞いてるよ！どうぞ！」と笑顔で迎えてもらった。

「ウチに来たら、これを食べなきゃ！」と、薦められたのは、ポルトでも食べたお肉てんこ盛りのコジードだった。店内を見回すと、何人ものお客さんがコジードを食べていた。イチオシならばやむなし、意を決してオーダーした。見た目のお肉の迫力はやはりすごいが、しっかりと余分な脂と臭みを抜き、ちゅるっと"飲める"程ほろほろに煮込まれたお肉と、旨味が染み込んだお米が最高に美味しい。あぁ、また完食してしまった。

そんな様子を見ていた店長と、常連らしきお客が「これも食べな！」と、チーズとチェリー酒[6]を差し出してきた。マスター自家製のコーヒー酒までサービスしてもらった。そして、「彼はバグパイプ[7]を演奏するんだぜ、オレが教えたんだよ」と常連客にそそのかされ、店長が楽器を持ち出してきた。客の冷やかしに照れながらも演奏を始めた店長。そして加わる常連客。さながらプチ演奏会の会場のようになった店内は、演奏とお酒で真っ昼間から盛り上がった。

「またいつでも遊びにおいで！なんたって、ここはオレが通うリスボン1安全な店だからなっ！」と、お酒を奢ってくれた常連客が見せてきたのは、なんと警察手帳だった。美味しい料理に、陽気で明るい人が集まる愛すべき地元のお店は、きっと今日も平和に違いない。

※6／リスボン郊外のオビドスで穫れる、ジンジャ（Ginja）というチェリーから作られた、ジンジーニャという甘いお酒。食後酒としても飲まれる。

※7／長いパイプと、空気を送り込む為の袋が付いた楽器。スコットランドが有名だが、ヨーロッパ各地で演奏されている。

— **Portugal** —

1.青い海と断崖絶壁が続くラゴスの海岸線。崖の上の遊歩道を歩くことができる。／2.ジャガイモとサボイキャベツで作る定番スープ、カルド・ヴェルデ。／3.味噌たっぷりのエビに、ハーブがとても香り良い肉厚のサーモングリル。食べ応えはもちろんバッチリ。／4.名物タコのリゾットとフリット。ゴロゴロ入ったタコがめちゃくちゃ柔らかくて美味。ヴィーニョ・ヴェルデとともに。／5.ポルトガルのちょっと辛い、ピリピリソースが、エビの甘味を引き立てる。エビのピリピリソースがけ。／6.イワシをマリネしたエスカベッシュ。臭みなく

— **Portugal** —

さっぱりやわらか。／**7**.砂抜きばっちり、ぷりぷりのアサリ。オリーブオイルとパセリが香る。／**8**.見た目に反して脂っこくない、やわらかお肉がたっぷりのった名物のコジード。見た目のインパクトがすごい！／**9**.店長からバグパイプを奪って演奏しはじめちゃった常連さん。店長はリコーダーに。／**10**.曲がりくねったリスボンの坂道を、伝統の黄色いトラムが走る。

世界の市場

　人々の台所として日常的に利用されている大きな市場が各国にはたくさん存在する。旅行で他国を訪れても、特に市場に用事ないし…と思う人もいるかもしれないが、買わなくても色んな発見があるスゴい場所。何を食べているかが分かるのはもちろん、食の衛生面や、金額の相場や価格から見る経済事情、値段交渉や店員の対応から国民性だってよく分かる。お国柄がそのまま詰まったような場所なのだ。

鮮魚売り場

　お魚大国の日本人としては、やっぱり気になる各国の鮮魚売り場。鮮魚が見られるだけでなく、その場で食べられたり、屋台や食堂が併設されていたりするようなところはオナカも満足だ。生魚を食べる文化を持つ国はそうない…と思っていたが、意外とあった。中南米では生魚のマリネ、セビッチェという料理を食べる文化があるし、タイやフィリピンといった国でも実は生のエビや魚のマリネ料理がある。スペインやモロッコなどの地中海周辺、南米の一部の国では、生ガキやウニが楽しめるところも。その場でレモンをキュッと絞って食べる幸せは、魚介の豊富な地域では結構あるのだ。淡水魚メインの市場も、見たことがない魚が並んで見ているだけでも楽しい。アマゾンの巨大魚を鮮やかに捌いて行く光景は圧巻だ。

▍精肉売り場 ▍

　旅行者には用が無い上に、その獣臭や見た目で近寄り難い感じはあるが、その国のお肉事情が色々分かるのはやはり興味深い。鶏・豚・牛以外に、中央アジアでは馬と羊が同じ規模の売り場面積があったりするし、女性ブッチャーさんが豪快にお肉の塊を捌いて行く、なんていう光景にはお国柄が表れている気がする。ちょっと日本人には刺激が強い国もあるけれど、頭から足先まで余すところなく上手に使い分けて調理する手法を持っているんだなと関心してしまう。

▍野菜と果物 ▍

　カラフルな野菜や果物を、きれいに積み上げて鮮やかな色の山を作っている売り場がとても多い。崩してしまうのがもったいないほどだ。つくづく、日本の果物は高い、そう感じるほど海外の果物は豊富で安い。ちょっと変わった南国の果物などを旅のおともに買って、食べてみるのも楽しい。

▍スパイス＆ハーブ ▍

　山積みのスパイスが並ぶ専門店、日本ではまずお目にかかれない。日本より安いし、お店オリジナルのMIXスパイスがあることも多い。スパイスだけでなく、変わったハーブティーの種類も豊富だ。高級なサフランなども、本場に行ったら安く良いものを買っておきたい。

　食市場だけでなく、工芸品やアンティークに、なんだかわからない物が売っているような雑貨市もあるし、週末限定マーケットも各地で開催されている。旅に出たら是非、市場に足を運んで、その国らしい空気感を味わってみてほしい。

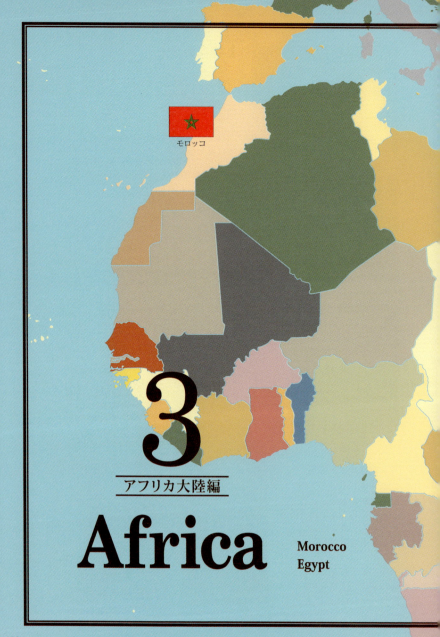

エジプト

　旅立った時、実は縦断する計画を立てていたアフリカ大陸。だけど日数も予算も、全てを回るにはとても足りず、どこを断念すべきか悩んで「アフリカの食はどう？」とガボン出身のホストに聞いてみた。彼女の回答は「ガボンのごはんは美味しいわ！中でもハリネズミがごちそうね！」というものだった。なるほど。参考にする国を間違えたかもしれない。ともあれ、ワイルドな食文化は今回は断念し、スパイスを駆使した郷土料理のある北部の2ヶ国へ絞ることに決めた。アフリカ大陸にあるけれどアラブの国、歴史も文化も、そしてもちろん食も味わい深いモロッコとエジプトで、現地の人たちとの出会いを交えて濃い体験とスパイス料理を詰め込んだ。

クセは強いが、クセになる国
モロッコ 〜Morocco〜

景色も人も、街ごとの特色が強い国

　スペインからフェリーでわずか1.5時間で到着する、アフリカ大陸の北西部に位置するモロッコ。その地形や気候は実に多様で、都市によって全く違う景色を見せてくれる。地中海に面した北部は、緑豊かな自然が広がり、オリーブ畑が広がる景色は南欧に近い。中部の高原に、海沿いののどかな景色、そして広大なサハラ砂漠。移動中の車窓の景色を含め、その移り変わりは見ていて飽きることがない。地域によって、歴史建造物や街並みに遺跡、伝統工芸なども強い個性を放つ。街ごとに見どころがガラリと変わる、魅力的な国でもある。

　人に関しても、地域でかなり差がある。正直、一部観光地や大都市では、やたらと絡まれてうっとうしいと感じる側面もあるのが実情だ。こと女性に関しては、無意味にからかわれたり、ナンパだったり、面倒くさいと思うことも少なくない。しかし一方で、親切でフレンドリーな人も多く、特に温暖な気候の地域や海沿いの街などでは、人柄ものどかで穏やかだったりする。景色も人も、もちろん食もなかなかに多彩な国だ。

青の街シャウエンでタジンと音楽を

　街中の建物の外壁や通路が青色でペイント[1]された、通称"青の街"とも言われる北部の街シャウエン。入り組んだ細い迷路のような、メディナと呼ばれる旧市街は、青色の階段や外壁にかわいい植木鉢が飾られていたりと、絵のような世界が広がっている。通りを歩いても、

※1／青色に塗った理由は諸説あり、ユダヤ人を象徴する色だから、虫除けのため、日よけと温度管理、なんとなく、などなど定かではない。

丘の上から見渡しても、どちらも絶景だ。モロッコの中でも有数の観光地で、人も穏やかで治安も悪くない。無意味に絡まれることも比較的少なく、親切な人が多い街でもあった。

メディナにあるお店を見ながら街を歩くのも楽しい。細かい柄のモロッコ雑貨や土産物屋もあれば、地元の人向けの野菜やスパイスなどの市場に、モロッコの食生活に欠かせないパン屋[2]やスナック屋台などもある。もっとも、私の場合は色気より食い気、メディナを飛び出し、地元の市場や屋台、食堂を食べ歩いていたりしたのだけど。

ローカルのお店は好きだけど、メディナの雰囲気を楽しみながら食事をするのもよいかと、訪れたのはシャウエンらしいブルーで飾られた素敵な内装の店だった。モロッコと言えば、やはりタジン料理[3]。三角に尖った背の高いフタが付いたタジン鍋で、野菜や肉、魚などをスパイスと一緒に煮込んだ料理だ。ここではお店一押しのレモンチキンタジンを選んだ。大きめゴロゴロ野菜にやわらかチキン、オリーブとスッキリレモンで仕上げた、タジンの中でも定番メニューだ。

タジンを楽しんでいると、奥の席で突如フラメンコギターの演奏が始まった。スペインから時々仕事と旅行を兼ねて訪れるという、店常連のフラメンコ奏者が来店していたのだ。お客さんがそこまで多くなかったこともあって、一人黙々とタジンを食べていた私は、「近くで聞いていいよ」と彼らの席に参加させてもらうことになった。

モロッコの、特に北部はスペインからの旅行者も多い。店にいた別のスペイン人旅行客が、「私、彼知ってるわ！ 演奏を聞きに行ったことがあるの！」と、彼の演奏に合わせてサルサを踊り始めた。盛り上がる店内、ほどなくしてお店には、アーティストがリクエストしたというお酒が届いた。本来であればお酒を提供していないお店だったが、そこは暗黙の了解で、こっそり配達してくれる酒屋もあるようだ。表立ってはあまり飲まないが、モロッコ人にも実はお

※2／朝食に、タジンと共に、スープに浸して、具を挟んで…とにかくパン無しではモロッコ料理は成り立たない。ホブズという丸く厚いパンがメジャー。

※3／フタ付きの鍋で煮た料理全般をタジンと呼ぶ。肉や魚が入ったもの、野菜だけのものなど様々なタジンがある。

— Morocco —

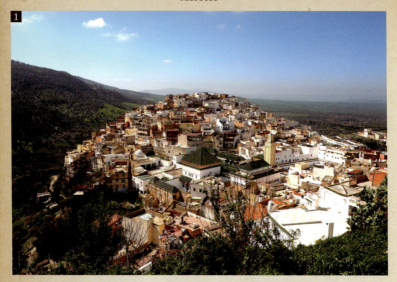

1.メクネス近郊にあるムーレイ・イドリスという街。モロッコ最初のイスラム王朝があった古都だ。／**2**.ハリウッドをはじめ数々の映画の舞台としても使われている、砂漠の都市ワルザザートのかつての豪族の居城、アイトベント。／**3**.世界遺産にもなっている古代ローマ都市の遺跡、ヴォルビリス。／**4**.メクネスにある、壁や床の装飾が美しいかつての神学校、ブー・イナーニーヤ・マドラサ。／**5**.マラケシュ旧市街の中心にあるフナ広場。パフォーマンスをする人、見る人、とにかくすごい人。写真を撮っているのが見つかると、すぐチップ

— Morocco —

を要求しに走ってくる。／**6**.メディナのレストランでの、スペイン人とモロッコ人コラボによるフラメンコギター。／**7**.モロッコ料理に欠かせないパン、ホブズを売るお店。／**8**.メディナのレストランで頼んだレモンチキンタジン。／**9**.青の街シャウエンの、真っ青な路地。／**10**.丘の上からシャウエンのメディナが一望できる。街全体が薄い水色がかっている。

133

酒好きが結構いる[4]。店長も店員も混ざって、みんなで乾杯した。

　タジンとお酒と、フラメンコとサルサ。モロッコにいながらスペイン文化も楽しむという不思議な時間だった。ちゃっかりお酒はごちそうになったけど、その分しっかりアーティストからCDの営業をされた。まあ、ワンコインだし、よしとしよう。

のどかな港町でタジン作りに挑戦

　ゆったりとした空気の古都メクネス、砂漠の街ワルザザードに、かつて帝都として栄えた活気あるマラケシュと、いくつかの街を訪れたが、私の一番のお気に入りは南部にある海沿いの港街、エッサウィラだ。旧市街は世界遺産になっている観光地ではあるが、他の街のような喧嘩もないし、おっとりした人も多い。あのジミ・ヘンドリックス[5]にも愛されたという街は、のんびりしていて、とても居心地がよかった。一番モロッコっぽさがない街とも言えるかもしれない。

　海沿いを散歩して、旧市街をちょっと歩いて、日曜には宿で仲良くなった旅人とマーケットに行く。行きつけの店を作って日替わりゴハンを楽しんでみたりと、すっかり長居してしまった。

　滞在中に、日本で以前シェフをしていたというモロッコ人とも知り合うことができた。ホームパーティーの招待をもらったので、お願いして一緒に買い出しと料理をさせてもらうことにした。その場でシメた新鮮な鶏に、数々のオリーブ、スパイスなど、市場の買い物も興味深かった。本場でシェフに日本語で料理を教えてもらえるなんて、想定外のラッキーだ。じっくり時間をかけたタジンとクスクスを肴に、飲んで盛り上がる時間はやっぱり最高だ。

郷に入りては、手づかみフィッシュ

　エッサウィラは、漁業の盛んな港街でもある。市場には豊富な魚介

※4／国教はイスラム教だが、他宗教も認められているので、数は多くないが酒類販売店はあるし、レストランで提供しているところもある。数は多くない。公の場で飲むのはNGなので、提供しているレストランか、家または宿で飲む。

※5／ジミヘン。知る人ぞ知る、アメリカのミュージシャンで、伝説とも言われる偉大なギタリスト。

が並び、その場で貝やウニが食べられたり、買った魚を調理してくれる店もある。食材をレストランや屋台へ持ち込んで調理してもらうというのは、モロッコでは一般的のようだ。漁港をぶらぶら歩きながら、一人で少しだけ買うのもなぁ…と思っていた矢先「これから知り合いの店で魚を焼いてもらうんだ。たくさん買ったから、よかったら一緒に食べないか？」と、地元の人に声をかけられた。願ったり叶ったり、初めての持ち込み調理で、大量の鮮魚祭りだ！

　レストランへ着くと、彼らは買い込んだ魚と野菜を一式全部店員に手渡した。「彼が料理するとうまいんだ」と、いくつか調理方法をオーダー[6]すると、店の大きな炭火焼グリルで魚の調理が始まった。

　程なくして、お皿一杯に盛られたサラダと、香ばしく焼かれた大量の魚が運ばれてきた。魚は種類によって、異なるスパイスを使って調理されていた。サラダにはスプーンが付いてきたが、肝心の魚用のフォークなどは見当たらない。そう、モロッコ人は手で食べるのだ。彼らはおもむろにテーブルに紙を広げると、手づかみで魚を取り、丁寧に皮や骨を取り除いておいしそうに口へと運んで行った。郷に入りては、真似して手づかみで魚を頬張る。素手でこんなに黙々と魚をむしったのはこれが初めてだった。手で食べた方が美味しい気さえしてくる不思議。名産のイワシは皮目が香ばしくて美味しかったのだが、モロッコでは魚の皮を食べる習慣はないようで、驚かれてしまった。ともあれ、新鮮で脂ののった魚は本当にどれも美味しく、使われていたスパイスもバッチリだった。自分が食べたいものを、プロにオーダーして炭火で調理してもらえるというのは、なかなか面白い仕組みだと思う。

　最初こそ喧噪と人のうるささで正直ゲンナリしたものの、終えてみれば、そのホスピタリティをしっかり体感できた旅だった。一歩踏み込んでようやく見えてきた良さがあった。クセがスゴい国なのだ。

※6／食材は持込みだが、店には調理代としていくらか支払う。品数や店によって金額はまちまち。調味料などは店側にあるものを使って作ってくれる。

―― Morocco ――

1.前菜の2種盛。ポテトのビネガー和えと、野菜のスパイストマト煮。どちらもおいしかった。／2.ホブズというパンにたっぷりのひき肉グリル、ケフタを挟んだサンド。卵トッピングでボリューム満点。／3.小麦の粒を茹でたクスクスはメジャーなモロッコ料理の一つ。チキンと野菜のクスクス。／4.マリネした鶏のロースト、モロッカンチキン。ポテトで見えないが、骨付きチキンが隠れている。レモンとハーブが効いててとても美味しい。／5.ローカルの食堂で食べた羊の煮込み。モロッコの羊は臭みなく柔らかいものが多かった。／6.あまり甘いものは食べないのだけど、おススメだというのでスイーツを。モロッコはスイーツも種類豊富。ミントチャイと一緒に。／7.牛のミンチと、ソーセージと、鶏肉をミックスしたオールスターのグリル。／8.屋外の食堂ではお酒が飲めないので、コーラやミン

136

Morocco

トチャイを…グリルしたお肉にビールがほしい。/9.奮発して入ったマラケシュのお酒が飲める店。観光地以外ではなかなかない。そして高い。/10.エッサウィラの海と地元の人たち。/11.宿スタッフに紹介してもらったローカルのお店。豆の煮込み。スパイシーなソース、アリッサと共に。/12.レストランへ持ち込み調理してもらった魚とサラダ。大量のイワシと、地元の人おススメの魚を素手でほぐして食べる。サラダはなぜかスプーンで。/13.定番のチキンタジン。/14.タジン用のオリーブを調達する。様々な種類があり、スパイスでマリネしたものはそのままでも美味しい。/15.パーティー用にたっぷりのタジンを作る。山盛りの野菜の下に、一羽分の鶏肉が入っている。/16.普通の金属鍋かと思ったら、フタはやっぱり三角形。/17.出来上がったタジン。みんなで豪快にかぶりつく。

137

ナイルの賜物はなかなかのツワ者
エジプト ～Egypt～

エジプト女性の勢いには勝てません

　旅先で出会った、カイロに住む友人との再会からエジプト滞在は始まった。イスラムの国だが、彼女はヒジャブ[1]を被らず、バリバリ仕事をして、海外に一人旅をする言わばちょっと破天荒な人だ。「旅人には親切に」という教えがイスラム教にはあるが、彼女はその強烈な個性を存分に発揮し、なかなか独特な滞在プランを一生懸命練り上げてくれた。おかげで、いわゆる"エジプトはこう過ごす！"というストライクゾーンから、なんだか大きく外れた旅になった気がする。

　私は、日本人でいえばやかましいくらいよく話す方だと思うが、彼女のしゃべり倒す勢いと押しの強さには、とても勝てなかった。カツカツに詰めた観光プランを立てて、行く先々に新たな友人を連れて現れる彼女に、もはや成す術などなかった。もちろん、それはとてもありがたい体験だったのだけど。とりあえず自力でピラミッドと考古学博物館[2]くらいは見に行ったが、それ以外は彼女にお任せ。年下の肝っ玉母ちゃんに、されるがままの滞在だった。恐るべしエジプト人。

時間にはルーズ、でも予定はハード

　彼女とはポルトガルの宿で出会った。1泊どころか、夜中に到着して翌午前中にはもう出発という短時間滞在で、朝から彼女は宿のスタッフや私から街の情報を慌ただしく収集していた。夜には出国予定だからと、これでもかと詰め込んだ観光プランを立て、嵐のように去った彼女は、わずか数時間で強烈なインパクトを残した。

※1／ムスリムの女性が頭に被るスカーフ。エジプトは9割がイスラム教徒で、ヒジャブを被る女性が多いが、法的に義務はないので被らない人も稀にいる。

※2／ツタンカーメンの黄金のマスクをはじめ、20万点もの重要な文化財が収蔵されている。多すぎて、展示というよりとにかく保管してあるという感じだったが、2020年新設の大エジプト博物館へ移送、展示される。

そんな彼女が私のために立ててくれたプランは、いつも時間との戦いになるハードなものだった。そもそも、エジプト人は時間にルーズ[3]。毎度の1時間遅刻が予定から抜けていることが間違っているのだ。それが出来ないから遅刻するのだろうけど。

　到着初日、仕事が休みだった彼女は、カイロのオールドタウンと呼ばれる歴史地区観光を組んでくれた。まずはシタデルという、中世アラブ時代に建てられた要塞からスタート。要塞内部には、モスクや博物館など、いくつもの見どころが集まっている。「メインのモスクは最後に行くわ！」と、別のモスクや軍事博物館を先に見て回った。話好きの彼女は、色々と時間をかけて解説してくれる。そこへ、「一緒に写真撮って！撮って〜！」というエジプト人が寄ってくる。やたらと観光客と一緒に写真を撮りたがるのは、この国あるある。なつっこい笑顔で寄ってくるので、とりあえず一緒に撮っておく。

　彼女の解説と、写真攻め。当然時間は押していく。メインにたどり着かないまま、閉館時間が迫る。大体が1時間遅れてスタートしてるので当然だ。焦り始めた彼女は、写真を撮りたいと寄ってくるエジプト人を「急いでるのよ！」と払いのけ、足速に移動を始めた。到着したムハンマド・アリー・モスクは、職員がまさにカギをかけるところ。職員へ駆け寄り、押し問答した末、彼女は勝利をつかんだ。戦利品は、モスクの貸切見学だ。スゴすぎる。

　高いドーム型の天井から、無数のランプと大きなシャンデリアが下がった広いモスクだった。本来であれば閉館後の時間なので、残念ながら消灯していたけれど、美しいモスクを貸切で満喫するという贅沢を味わった。私たちがモスクを出ると、館主はすぐさまカギをかけて帰って行った。そうだよね、早く帰りたかったよね。ありがとう。

　シタデルを出た後も、どうやらいくつかモスクやバザールを見る予定を立てていたようだったが、「時間がないから！」と、簡単な説明

※3／ルーズというか、おおらかというか、とにかく遅刻は日常茶飯事だ。もはやそれが普通なので、遅刻に対する罪悪感も薄い。「渋滞がすごかった」とよく言うが、カイロは四六時中渋滞している。故にいつも遅刻である。

— **Egypt** —

1.ギザのピラミッド／2.スフィンクスとピラミッド／3.通称ブルーモスクと呼ばれる、内部にブルーのタイルが貼られたアミール・アクスンクル・モスク。／4.考古学博物館に展示されている棺。／5.カイロを流れるナイル川の昼景。／6.フレッシュジュースのスタンドがたくさんあるが、定番はサトウキビ。その場で機械で絞ってくれる。／7.たっぷりのハチミツをしみこませた甘いスイーツは、甘い紅茶とセットで、甘々でいただくのがエジプト流。／8.テルミスという、うちわ豆の塩ゆで。屋台で売られていて、スナック感覚でつまむ。チリソースとレモンをかけて食べる。／9.屋台で食べたランチプレート。フールという豆の煮込みに、野菜のフライやピクルス、ムサッアという煮込みとアエー

— Egypt —

シというパンのセット。／**10.**エジプトの国民食といわれる、コシャリ。米、パスタ、豆、フライドオニオンに、トマトソースをかけて混ぜて食べる、The 炭水化物な料理。専門店がたくさんあり、レシピが少しずつ違う。／**11.**エジプトといえば、水タバコ、シーシャ。街角のカフェやレストランなど、どこででも見かける。／**12.**ザクロのシロップ漬け。コップ一杯にたっぷりザクロの実が入っている。暑いエジプトでは糖分補給も大事。／**13.**日替わりで家庭料理を出す店。モロヘイヤとお肉の具沢山スープに、ナッツなどがある入ったおかゆのような料理と、ピラフ。／**14.**エジプトワインとサッカラというビール。ほとんどのエジプト人はお酒を飲まないが、国産のお酒は結構ある。観光客は手軽に買える。

141

をしながらモスク前を通過し、バザールに関してはもはや無言で人混みをすり抜けてどんどん歩いて行く。ケツカッチンとはこのことだ。

たどり着いた先は、ワカーラ・アル・ゴーリーという建物。歴史的建造物の内部には、ステージが設置され、イスが並べられていた。週に3回無料開催される[4]、エジプト伝統のスーフィーというダンスが見れる日だったのだ。公演の開始時間は待ってくれない。急ぐはずだ。

しかも彼女は、知り合いだという関係者に頼んで、席を押さえていてくれた。それも、本来席のない2階にイスを置いて、会場を見渡せる特別席を作ってくれていたのだった。これは想定外、驚いた。

2重になった長いスカートのような伝統衣装をまとい、ひたすらぐるぐる回り続けるダンス。人の頭に邪魔されること無く、ステージをのんびり満喫できた。慌ただしさとの緩急がすごい1日だった。

■ いつ食べてるの？ 何食べてるの？

エジプトで食べた、一番食事らしい食事は、屋台で食べたフールという豆の煮込みがのったランチのプレート[5]だった。あとは、エジプトの国民食と言われる、米・パスタ・豆の炭水化物MIXな料理、コシャリ。これだけは外すまいと、食べに行った。

それ以外の食事は、特に友人と観光しているときは、軽食やスイーツですませることが多かった。朝食は11時頃、昼食は夕方5時から7時頃、夕飯や間食は適当に、というのがエジプトの食習慣のようだった。それを知らず、いつも通りの食事の時間を念頭に置いていたので、しっかり食べるタイミングを逃してしまった。

アエーシという薄焼きパンに、豆料理フールやサラダ、牛のミンチなどを挟んだサンドイッチ的な軽食が多かった。テルミスという茹でた豆をスナック感覚でつまんだり、お米のプリンといったスイーツ、そして合間にフレッシュジュース。お酒は帰って宿で[6]…といった感

※4／月・水・土曜の3回、90分の公演が開催されている。昼間は入場料のかかる歴史的建物へ、無料で入って公演が見られる。音楽も素敵だし、スカートを翻しながら回り続けるダンスは圧巻。

※5／野菜が使われたヘルシーな料理が多い。イスラムの国なので豚は食べない。食に対して保守的な国なので、昔からのエジプト料理を好んで食べる。変化をあまり好まない。

じだった。唯一ともいえるレストランでは、直前にナイル川クルーズを詰め込んだがために、帆船[7]でのんびりしている間にメインの肉料理が売り切れ、残っていた煮込みにだけありつくという、ちょっと残念な体験になった。家庭料理の小さな店とはいえ、5時に開いて、7時前に売り切れるというのも、やはり不思議な感覚だ。

▎禁酒の結婚式はダンスフィーバー

　一番エジプト人のパワーと明るさを体感したのは、彼女の友人の結婚式だ。「はじめまして！ おめでとうございます！」誰だかはわからないけど、誘われるがままパーティーに参加した。

　イスラムの方の結婚式なので、当然お酒は無し。パンやケーキに、お水とコーラという軽食が振る舞われていた。パーティーのメインは、音楽とダンス。会場中央に設置されたステージに集まり、ドレスアップした花嫁花婿を中心に、子供からお父さんお母さんまで、とにかくみんなで踊って、踊り狂う。予想はしていたが、やっぱり「あなたも踊りなさい！」と、熱を帯びたステージに放り込まれた。手を取り合って、色々な人と次々に踊る。そして片っ端から要求される「写真撮って！」に、公式カメラマンかと思う程シャッターを切った。おめでたい場にわざわざお祝いに来てくれた日本人ゲスト、という扱いの私は、花嫁花婿ファミリーにもなぜか大歓迎され、お母さんから「次男の嫁に…」と話まで出始める始末。「次にエジプトに来た時には、是非家に泊まってちょうだい！ あなたはもう家族の一員よ！」と温かい言葉をもらった。どうやらエジプトにもファミリーが出来たらしい。

　「ナイルの水を飲んだものは、必ずナイルへ帰る。」というエジプトのことわざがある。彼女曰く、どうやら私はまたエジプトへ戻らねばならないようだ。底抜けに明るい彼らと、また再会して盛り上がる日が来るといいな、と思う。

※6／宗教上、エジプト人はほとんどお酒を飲まないので、提供している飲食店は少ない。ただ、泊まった宿では販売していたし、街中の酒屋でも手軽に購入できる。

※7／ナイル川沿いにある船着き場から、手軽にファルーカという帆船に乗ってクルーズが楽しめる。風を上手に帆でコントロールし、帆行する。動力がついてないので、広くゆったりしたナイルを、静かにのんびり楽しめる。

— Egypt —

1.オールドカイロにある要塞、シタデル。モスクの他、軍事博物館や警察博物館などさまざまな施設が併設されている。／**2**.シタデル内部にある軍事博物館。／**3**.ファルーカという伝統の帆船で夕方のナイル川クルーズへ。風の力で広い川をゆったり進む船が気持ちいい。／**4**.貸切で見れたモスク、ガーマ・ムハンマド・アリの内観。消灯してしまっていたが、たくさんのランプとシャンデリアが下がっていて、広く天井が高い。／

Egypt

5.2重になったスカートのような衣装を上げたり下げたりしながら、音楽に合わせてひたすら回り続ける伝統舞踊のスーフィー。／**6**.ウェディングケーキはエジプトにもある。／**7**.チークタイムで踊る新郎新婦。はじめましてだけど、お幸せに！／**8**.ガールズはみんなかわいらしい白のドレスで姫になる。／**9**.おめかししたキッズとママ。／**10**.中央のステージでは、大音量で音楽が鳴り、新郎新婦も混ざってみんな踊って盛り上がる。

145

世界の宗教と食事情

　信教の自由が認められている日本。あまり宗教色が強くなく、特にイスラムやヒンドゥーといった宗教の人口は少ないので、その食事情にはやはり疎いもの。国によって、政策によって、細かな宗派でも色々違うので、ざっくりと説明しつつ、旅行者として実際に訪れてみたらこうだった！をご紹介。

食べられないのはどのお肉？

　大まかに言うと、イスラム教では豚は汚れているとされているのでNG、ヒンドゥー教では牛は神聖なのでNGとされている。完全にベジタリアン、という人も結構多い。なので、日本では鶏・豚・牛がメインだけど、世界的に見ると鶏と羊の消費量が多いのだ。ヒンドゥー教徒の多いインドなどでは山羊も食べるし、牛はダメだけど水牛は牛ではない、ということのようで、ネパールなどでは水牛料理も多い。

本当に牛や豚は食べない？

　国や個人によってまちまちだが、外国人労働者や観光客の数だったり、その国の宗教比率によっても結構違う。スーパーで売り場を分けて豚肉を置いている、といったことも少なくない。イスラム教徒が多い中央アジアの国々では、旧ソ連統治下だった影響もあり、キリスト教徒も一定数いるので、市場で普通に豚肉が売られていたりすることもある。とはいえ、やはり食べる習慣の無い人も多い。

　「食べたことはないけど、豚のベーコンは美味しいと聞いたから興味はある…」と言っていたイスラム教徒のトルコ人や、「実は好きなので、海外に行ったら牛肉も食べる」なんていうヒンドゥーの人もいたりする。「日本に行ったら食べられるものが少なくて、居酒屋では枝豆と冷や奴ばっかり食べていた」という、ベジタリアンのインド人もいたけれど。まぁ、なにせお国柄や個人差もあるので、率直に現地の人に聞いてしまうのが間違いなくて良いと思う。

意外と高カロリー？ ベジタリアン料理

　完全菜食主義者もいるし、さらに根菜NGといった厳格な宗教もあるが、一般的にベジタリアンの多くは肉は食べないが乳製品や卵は食べる。日本の精進料理はヘルシーなイメージだが、海外はというと、実は結構高カロリー。中華圏の素食とよばれる料理は、しっかり油を使ったものが多い。菜食主義者の多いインドでは、たっぷりの油で作ったチーズや豆、野菜のカレーを、山盛りご飯や薄焼きパンのチャパティと一緒にこれでもかという量を食べていたりする。栄養もカロリーもたっぷりで、意外とこってりしている料理も多い。

　ベジタリアンメニューを置いている店は各国で見られる。キリスト教徒の多い南米でも、用意している店もある。ただ、米・豆・バナナ・アボカド・芋…と内容は似たり寄ったりな気はするけれど。

　結論、ベジタリアンだから、必ずヘルシーかというとそうでもない。ただ逆を言えば、野菜だけじゃ物足りない！ という感じもなく、種類も豊富で満足できる料理も多いので、宗教に関わらず、各国でトライしてみると意外とおもしろい料理にありつけるのだ。

　日本人にとってはちょっとややこしい気もするけれど、せっかくだから、その制約も含めて各国の料理を色々食べるのも、旅の楽しみのひとつ。その国らしい料理に、ぜひトライしてみよう。

パニールというチーズの入ったベジカレー

南米のベジメニューは豆・バナナ・アボカドなど

メキシコ

4
アメリカ大陸編
America

Mexico
Cuba
Costa Rica
Ecuador
Colombia
Panama
Peru
Bolivia
Chile
Paraguay
Argentine
Uruguay
Brazil

　地球の反対側に位置するアメリカ大陸。日本から気軽に行きにくいだけに、今回の旅ではたっぷり時間を割こうと思っていた。滞在期間は約6ヵ月、正直全然足りなかった。ブラジルが大きすぎてスケールを見誤りがちだが、大半の国が日本よりはるかに巨大なのだ。シート広々な南米のバスに揺られて10時間越えの長距離移動、なんていうのはもはや日常。20時間以上乗ることもしばしばで、時間の感覚もマヒしてきちゃう。それでも、珍しい食材を使った美味しいごはんが溢れかえっていて、各地を巡りながら、オナカがはちきれるほど食べれるだけ食べ歩いた。食べ過ぎはサンバを踊って解消！といきたかったけど、どう考えてもカロリーオーバーだ。

149

愛してやまないトルティーヤ
メキシコ ～Mexico～

再会とトルティーヤ祭り

　旅中で出会った友人に会うため、訪れた大都市メキシコシティ。久々に、東京都心かと思うような地下鉄のラッシュアワーに遭遇した。この街から東部カンクンまで、3週間かけて移動したメキシコの旅。

　予定よりも大幅に日数を遅らせての訪問になったのだけど、友人たちは到着日に予定を空けてくれていた。ルーマニアで出会った彼らは、その時から食だ、お酒だとやかましい私に、朝から郷土料理を食べさせ、飲みに行こうとプランを組んでくれたのだった。「タコスとテキーラだけじゃないよ」という、メキシコグルメツアーの始まりだ。

　朝の便で到着した私と合流すると、早速彼女のママが働くお店へ朝食を食べに移動開始。定番の朝ごはん、チラキレスだ。トウモロコシの生地、トルティーヤ[1]を食べる、というのはタコスでおなじみだが、これは前日残ったトルティーヤを刻んで揚げて、さらに辛くない唐辛子のソースとチーズをかけたものだった。朝からちょっと重いか、と思ったけど、香ばしいトルティーヤが止まらず、あっさり完食した。少し観光をはさんだ後、さらに怒涛のトルティーヤ祭りが始まった。

　ランチで入ったお店では、これもあれも、それも定番だからと大量の料理を注文。厚焼きトルティーヤに具を乗せたソペス、同じく厚焼きだけど楕円の大きな生地に具を乗せたワラチェ、刻んでスープに入れたソパ・アステカ。具材を巻いて揚げたのがフラウタスで、巻いてソースをかけたのがエンチラーダ…。焼いて、揚げて、巻いてトルティーヤ。こんなに料理の種類があるのに、タコスしか知らなかったこ

※1／すり潰したトウモロコシから作った生地を薄く伸ばして焼いたもの。トウモロコシが主流だが、小麦粉で作ったフラワートルティーヤも食べられる。

とにも驚いたが、こんなにもテーブルがトルティーヤだらけになったことの方がびっくりだ。3人で一体何枚分食べたのか。日本で言えば、米祭りをやるようなものだ。メキシコ人のトルティーヤ愛は深い。

情熱のビアカクテルとメスカル

　現地でよく飲んだのは、メキシコを代表するコロナビールでもテキーラでもなく、ミチェラーダというビアカクテルだ。コロナにライム[2]、これは日本でも知られる飲み方だが、現地ではさらに色々加えてカクテルにしてしまうことの方が多いかもしれない。塩とライムで飲むシンプルなチェラーダというものがあるのだが、ミチェラーダは、それにさらなる「調味料」を追加するのだ。ベーシックなものは、クラマト[3]という貝出汁入りのトマトジュースを加えたもの。貝？ と思うかもしれないが、これがなかなかにイケるのだ。

　友人が連れて行ってくれた、何種類ものミチェラーダをテイクアウトできる専門店では、さらにおススメというメニューを頼んでくれた。カップの淵にたっぷりのチリソースが付き、ビールにクラマトとライム、ウスターソースを入れ、さらにキュウリを加えた物だった。ソースって！ と思ったけど、これまたとても美味しい。なんというか、これ一杯でおつまみいらずな感じだ。暑い気候に適度な塩分と酸味、ビールそのままで飲むより1杯の満足感がある。これに味をしめて、旅中ずっと飲み続けることになった。セロリが入ったり、グレープフルーツが入ったり。罰ゲームかと思うような組み合わせも、どのお店でもバシッと味をまとめてくる、すごい飲み物なのだ。

　そして、星の数程あるメスカル。テキーラは、アガベという植物から作られるメスカルというお酒の一種だ。ショットでパカスカ飲むのかと思っていたが、「二日酔いにならないように、トマトジュースと飲むんだ」と、友人は交互にちびちび飲んでいた。最初だけ。後半は

※2／メキシコではレモンと表記しているが、緑色の皮をしており、メキシコ産のレモンは日本ではライムとして売られている。

※3／クラム（貝）とトマトを合わせてクラマト。塩分も入って、そのまま料理にも使えそうな飲料だが、ビールに混ぜても美味しく、ミチェラーダに欠かせない。

— Mexico —

1.食べに、飲みに付き合ってくれた友人たちと。／2.朝ごはんで食べたチラキレス。結構なボリュームだが、友人はこれに牛のステーキを乗せていた。／3.フラウタス。トルティーヤで具材を巻いて揚げたもの。鶏肉を包んでレタス、アボカド、トマトをのせてある。／4.ソパ アステカ。刻んだトルティーヤとアボカドなどが入ったトマトとチリのスープ。二日酔いにきくとか、きかないとか。／5.エンチラーダ。トルティーヤで具を巻いてソースをかけた料理。鶏肉が入ったトルティーヤにモレソースをかけたもの。／6.大混雑していたプルケリアと呼ばれるプルケのお店。／7.セロリのプルケのフチにチリソースをかけてくれる店員さん。／

— Mexico —

8.ウスターソースの入ったミチェラーダはなかなか濃い赤色。塩とチリペッパーを付けたもの。/**9**.ウスターソースにキュウリも入ったオールスターズのミチェラーダ。チリソースは辛みよりコクが強い。/**10**.さっぱりシンプルなミチェラーダ。/**11**.メスカルの博物館に並んでいた数々のメスカルボトル。/**12**.工場で試飲させてもらった様々なメスカル。フレーバー付きのものもおいしい。/**13**.メスカル工場で栽培されている何種類ものアガベ。/**14**.メスカルをカカオクリームで割ったカクテル。/**15**.セロリとグレープフルーツが入ったミチェラーダ。/**16**.フチタンのお店でサービスしてもらったテキーラ。これにもやっぱりチリソースが付く。

ショットで一気に飲んで、結局1人はつぶれ、タクシーに乗せられて帰って行った。飲み方は好き好き、ということでいいのだろうか。

　メキシコでしか飲めないだろう、プルケというお酒もある。アガベの醸造酒だが、日持ちしないのでアガベ生産地近くでしか飲むことができない。友人は嫌いだと言っていたが、プルケの店は大混雑だった。ちょっとドロッとした少し癖のあるお酒。基本は白色だが、それに果汁などで味を付けたものが飲みやすい。「これがうまいよ!」と隣の席のおじちゃんがおごってくれた濃い緑のプルケは、セロリが入ったものだった。これにやっぱり情熱の赤色チリソース。未知の組み合わせは、新たな美酒への扉を開く。日本で飲めないのが残念だ。

▎陽気な市場とメキシコグルメ

　メキシコの市場巡りは、変わった食材が多いのでとても楽しい。紫のトルティーヤや、メキシコ特有の様々な唐辛子を混ぜて作ったチリソースやモレ[4]のペーストに、食用のサボテンなど。メキシコらしさが満載だ。市場の食堂も魅力的。この国の料理はトルティーヤだけではない。牛モツ煮込のパンシータに、大粒のトウモロコシが入ったポソレというスープ、そしてモレソースをかけた料理も定番だ。

　各地の市場はそれぞれ違って面白い。特にメキシコシティの市場の活気がすごかった。旅で訪れた市場の中でも、こんなに盛り上がった市場はない。写真を撮ったらなぜか飴をくれるおじちゃんがいたり、「お前も撮ってもらえよ!」と、隣や向かいの店に連鎖して、撮影大フィーバーが起こった。食材より人の方が面白い市場もあるのだ。

▎思い出の笑顔とイグアナ

　イグアナを食べる街がある。世界を回ってもそうそうイグアナを食べる機会はないだろうと、訪れた南部の街、フチタン。ここではごち

※4／様々なトウガラシを混ぜたペーストや粉末、それを使った料理のこと。トウガラシの種類は様々だが、6種類くらい混ぜたりもする。ほとんどのモレがあまり辛くはない。

そうだなのだと聞いて、意を決して乗りこんだ。街の入口では、早速頭にイグアナを乗せた女性像がお出迎え。期待も高まる。

　食堂街を歩いていると、1軒笑顔で手招きしてきたお店があった。「何が食べたい？　あれと、これと…」メニューを渡されたが、イグアナの文字は無い。ダメ元で「イグアナ、ある？」と試しに聞いてみた。すると、ニヤっと笑って、「あるよ！」と。「どの部位がいい？　アタマ、カラダ、足、全部あるよ〜」と別のお姉さんまで、面白そうに声をかけてきた。なんだか禁断の料理に手を出した気分…。

　出てきたのは、野菜入りのスープに、ウロコの付いたぶつ切り肉が入ったもの。部位はお姉さんに任せたのだけど、しっかり入ってるの、コレ…アタマだよね？　見た目はまぁ、なんとも。恐る恐る口に運ぶ。堅そうな皮は、ウロコ感もなくプルッとした意外な食感。すっぽんの皮みたいな感じ。お肉も弾力のある鶏肉のようで、おいしく食べられた。「どうだった？」と感想を求められたので、「美味しかった！」と笑顔で答えておいた。反応を楽しまれていたみたい。後から来た地元の人も、普通にイグアナを頼んでいて、ちょっと安心した。

　この日は、日本で言う敬老の日、みたいな感じだったようで、街に民族衣装を着たお年寄りがたくさん歩いていた。市庁舎の前にステージが設置され、民族衣装を着たお年寄りたちが、その鮮やかな衣装を翻して順番に様々な民族舞踊を踊っていた。無料で振る舞われていたタマル[5]もありがたくいただいた。郷土料理と盛り上がるステージ。楽しませてもらったこの地が被災するなんて、思ってもみなかった。

　大地震[6]でこの街が大きな被害を受けたのは、この10日後だった。市庁舎の中に入っていた食堂は、写真で見る限り、建物が崩落してしまったようだ。素敵な笑顔をくれた人たちが、無事であったことを祈るとともに、未だ多く残る傷跡が一日も早く復興し、笑顔と活気溢れる街が完全復活を遂げる日が来ることを願ってやまない。

※5／トウモロコシをすり潰して作った生地を、肉などの具と一緒にバナナの葉で包んで蒸した料理。

※6／2017年9月に起こったメキシコ地震。オアハカは震源地に近く、メキシコの中でも最も被害が大きかったエリア。

Mexico

1.あいつも撮ってやって！と他の人の撮影も促す市場のお兄さん。／**2**.メキシコではよく食べられるサボテンと、ノリのいいお兄さん。／**3**.大きな鍋から牛のモツを煮込んだパンシータを盛ってくれる市場のお姉さん。／**4**.笑顔が素敵な八百屋のおじちゃん。／**5**.市場で売られていたモレのペースト。使っている唐辛子によって種類も色々。／**6**.市場内の食堂。たくさんのお店に美味しそうな料理が並んでいて迷う。／**7**.市場で食べた、オアハカ名物のチーズ、オアハケージョが入ったケサディーヤ。／**8**.海沿いでは魚料理も多い。エビのトマトチリ和え。豆の煮込みを添えて。／**9**.サ

Mexico

ボテンののったタコス。/**10.**フチタンの街の入口にあるイグアナを頭に乗せた女性の大きな像。/**11.**市庁舎前にはたくさんの屋台が並んでいた。手前側が地震で崩落してしまった。/**12.**地震前の市庁舎内の市場の様子。/**13.**Feliz dia de los Abuelosというお祭り。おじさまおばさまから、かなり年配の方まで民族衣装を着て踊っていた。/**14.**会場で無料配布していたタマル。鶏肉が入っていておいしかった。/**15.**たぶん…頭？ 意外と美味しかったイグアナ。/**16.**フチタンの祭りで、それぞれ違う柄のカラフルな民族衣装をまとい、パイナップルを使ったダンスを踊る人たち。

ものがない、それも魅力のうち
キューバ ～Cuba～

なじみのない社会主義の国

　カリブ海に浮かぶ島国、キューバ。チェ・ゲバラや、葉巻にラム、クラシックカーなどのイメージはあったが、社会主義がどういうものか、行ってみるまでよく知らなかった。医療費や大学までの学費が無料だったり、食料の配給制度があったりする。国が管理する仕事に就くため貧富の格差が少なく、ゆえに治安も安定している。経済水準は高くないが、最低限の生活が保証されている安心感もあってか、みんな明るく親切だ。そんなキューバでは、首都ハバナと地方都市を訪れて、平等とされる国のリアルな側面を少し、垣間見ることができた。

特殊ルールがいっぱい、キューバの旅

　キューバは、旅人にとってはわかりにくい、独自ルールが満載だ。
　まず、通貨が2種類ある。キューバの人たちはCUPという人民ペソを利用しているが、私たち観光客が両替所で手に出来るのは、CUC[1]という別の通貨だ。基本的に観光客向けの店はCUCで表記されていて、価格が高い。キューバの経済水準からすると、旅行客は超お金持ち！ということになるので、通貨を変えて住み分けをしているのだ。
　宿に関しては、やたらと民泊施設が多いのが特徴だ。もちろんホテルはあるし、5つ星の高級ホテルも存在する。しかし当然高いので、旅人の救いとなるのが民泊である。キューバには、カサ（CASA）と呼ばれる民泊施設が存在している。とにかく数が多いので、簡単に見つかるし、宿泊先探しに苦労することはまずない[2]。私はと言えば、

※1／クックと読む。観光客の増加と、それに伴い観光業を営む人たちも増えたことで市場に流通していることから、ローカルの店でも大抵使える。

※2／Airbnbなどの民泊予約サイトでも探せるが、ネット普及率が低いので掲載数は多くない。どこにでもあるので、当日飛び込みでも簡単に泊まれる。

もちろん、滞在全泊カサだった。安いし、家族と交流もできるしね。

キューバで困るのがWi-Fiだ。高級ホテルや、首都ハバナの観光客向け飲食店などで一部つながるところもあるが、民家にネット回線はまずない。ではどうするかというと、国営の通信企業が発行しているカード[3]を購入し、街中にある屋外のWi-Fiスポットで接続するのだ。Wi-Fiスポットの広場などは、昼夜問わずスマホを持った人たちで混雑している。もっとも、田舎町にはそれすらなかったりするのだけど。

キューバは平等？ 見え隠れする資本主義

ハバナでは、中心地から少し離れたカサに泊まっていた。10人程が泊まれる比較的大きな宿で、ネット予約ができたこともあってか、ほぼ満室だった。観光エリアではなかったが、宿の人が観光客向けの飲食店に連れて行ってくれたり、空港や地方都市への移動手段の手配などもしてくれたため、不自由は全然なかった。

ところで、カサというのは副業[4]として営まれていることが多い。個人のドライバーなどもそう。キューバの平均月収が3,000〜4,000円程度なのに対し、カサの宿泊費は1泊1,000円程度。何人もの観光客が数日滞在していくとなれば、この国で言うと相当な稼ぎになる。そして宿の宿泊客へ、知り合いがやっている飲食店やドライバー、別の街のカサなどを紹介したりする。結果、観光客につながるネットワークを持っている人たちは、富裕層になっていたりするのだ。

地方へ旅したときも、行きにハバナのカサで手配してもらった乗合タクシーは、シートが革張りのピカピカセダン。ちゃんとした身なりの、流暢に英語を話すドライバーだった。帰りに観光客のいない田舎町で、なんとか捕まえたタクシーは、雨水が車内に浸水してくるオンボロクラシックカー。高いからとスタンドに寄らず、民家でガソリンを購入し、セルフ注入していた。観光業をうまく回している人たちと、

※3／国営のETECSAが販売している、1枚で1時間使えるカードを販売所で購入する。カードに記載されているパスワードを入力することで接続できる。広場をはじめ、人が集まってスマホを触っているところは大体Wifiスポット。

※4／国が管理する正規職は非課税であるのに対し、副業は認められているが課税対象になる。個人で販売業をしていたりするものは、闇営業のこともある。

— Cuba —

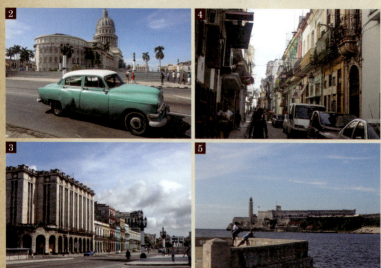

1.政府の主要な建物に囲まれた、有名な革命広場。チェ・ゲバラが描かれた内務省の建物。／2.クラシックカーが走るハバナの中心地。／3.ハバナの中心地の景色。スペイン統治時代建物が並ぶ。／4.スペイン統治時代の建物が多く残る旧市街、オールドハバナの通り。／5.海沿いでのんびり釣りをする人たち。対岸に見えるのは、スペイン植民地時代の要塞。／6.ローカルのファストフード店のピザ。ちゃんとチーズが乗っていて、ずいぶんとまともな方。ハムが、この国全体通してそんなに美味しくない。／7.観光客レストランで頼んだチキンのロースト。高いけどちゃんとした料理が色々食べられた。／8.20円で食べた、ローカルの屋台、というか家の軒先で売っていたコロッケサンド。揚げたて

— Cuba —

のコロッケが意外においしく、普通に食べられた。パンはパサパサだけど。／**9**・ラ・パハーダのカサの夕飯。メインで食べた魚。魚はこの宿でしか食べられなかった。市場にあまり出回っていない。／**10**・ビニャーレスの観光客向けレストランで食べた、ポークグリルにコングリスという豆ごはんと野菜がセットになったプレート。野菜がローカルより多い。バナナは定番。／**11**・ハバナのカサのスタッフが連れてきてくれた店。地元客もちらほら。牛肉とトマトの煮込み、ピカディージョに豆スープフリホーレスが付いたセット。／**12**・ローカルの市場で食べた料理、チキンのソースカツ？みたいな料理。ファストフードが多いローカル食堂の中では、だいぶまともに食事ができた感じ。／**13**・キューバ産のビール。

161

副業収入の少ない人では、実は結構差があるというのが実態だ。

観光地とローカルと、こんなに違う食事情

　観光地には、観光客向けのレストランがいくつもある。700〜1,000円程で、お腹いっぱい食べられる。ワンプレートで、米とサラダ、芋やバナナに、メインがセットになることが多い。鶏、豚、牛に魚など、メインメニューも意外と豊富だ。フリホーレスという豆の煮込みが付くことが多い。お酒も、キューバを代表するラム、ハバナクラブをはじめ、ビールやワイン、リキュールと、選択肢は幅広い。

　カサでは、レストランと同じくらいの価格でリクエストに応じて作ってくれることが多い。内食文化の強いキューバ[5]では、外食するより豪華でおいしい家庭料理にありつくこともできるのだ。

　一方、地元市場の食堂では、同じくメインにお米とサラダが付いて、一皿110〜200円ほどだった。それでも、良い食材が観光客向けの飲食店に流れて行くこともあり、種類は少なめで、どんどん売り切れてなくなっていったりもする。そもそも市場に並ぶ食材の入荷状況が不安定なので、食材が入荷していれば、という感じだ。スーパーの陳列棚が、入荷待ちでスッカラカンということも珍しくない。

　もっと手軽に、サンドイッチやピザは買える。コロッケサンドが20円と、驚くほど安い。パンも驚くほどパッサパサだけど。店先でパパっと立ち食いしていく地元の人たちもよく見かける。食に保守的で、ファストフード好きだということもあるようだが、ローカルでちゃんとした料理と食べようと思うと、ありつくのは結構大変だ。

ハリケーンから非難！キューバの田舎町

　「直撃するから、しばらく地方に行って来たらいいと思うよ」テレビに映る天気予報を眺めていた私に、宿のパパが話しかけてきた。こ

※5／外食よりも配給で手に入るものを使って家で食べる文化がある。農業に携わっていたりする場合は、物のない市場より食材が仕入れやすいこともある。

※6／2017年に発生したハリケーン、イルマ。ハバナでは腰まで冠水したそうで、キューバ全体で10名の死者を出し、カリブ諸国とフロリダに甚大な被害をもたらした。

のとき、巨大なハリケーン[6]がハバナ目がけて移動していた。直撃を免れるため、キューバの西側へ、急遽何日か非難することに決めた。

翌朝、宿で手配してくれた乗合タクシー[7]は、同じく西へ非難する旅人でギュウギュウだった。セダンの車に、ドライバーを入れて大人6人。定員なんていう意識はもちろん、ない。狭い車内で席を交代しながら、200km離れたビニャーレスを目指した。旅人の1人はメキシコ人だった。英語が通じない田舎町、結局彼のスペイン語を頼りに、そのまま5人一緒に旅をすることにした。

ビニャーレスは渓谷に鍾乳洞のある洞窟が多数存在する、自然豊かな街だった。伝統農法でタバコを生産する、葉巻の名産地でもある。カサのママが色々情報をくれて手配してくれるので、成すがまま、馬で大自然の景色を見て回ったり、プチ鍾乳洞クルーズを満喫したりした。ハバナに比べて車の台数がぐっと減り、馬車が人々の交通手段になる。都市部とは違う、のどかな景色が広がっていた。

そこからさらに西へ、ラ・バハーダという街までみんなで足を伸ばした。海へ行こう！という、ただそれだけのノリで着いた街にあったのは、本当に海だけ。店は、一軒もなかった。それでも、カサで食事を出してくれて、思いがけず豪華な夕食にありつけた。大きな魚の料理を食べ、持ちこんだお酒を飲んだ後には、宿ママのダンスレッスンが待っていた。キューバ人の神髄発揮である。ヘロヘロになるまで踊らされ、踊り狂った宿家族は、結局私たちと一緒に雑魚寝…。何も無いことが、交流を加速させて盛り上がる一夜になった。ファンキーな家族がいて美味しいごはんが食べられる良い宿だった。南京虫[8]にやられたこと以外は、よかったと思う。かゆかった…。

観光客が増加の一途をたどるキューバ。どんどん変わってしまうかもしれないが、親切で優しい国民性は変わらずあってほしいと思う。

※7／飛行機やバスもあるが、宿や旅行代理店で手配した乗合タクシーは、宿前まで送迎付きだったりして便利。人数がいれば、チャーターカーのように利用することもできる。

※8／日本ではほぼ目にすることの無いトコジラミだが、世界各国に存在する。夜行性で、ベッドなどに潜んでおり、肌が出ているところを吸血される。かゆい。めっちゃかゆい。

— Cuba —

1.ハバナのローカルエリア。／**2**.Wifiがつながるハバナの広場。みんなスマホ片手にポチポチ。貴重なインターネットタイム。／**3**.ハバナのローカル農産物市場。肉屋だが、商品はほぼ無く、ショーケースは空っぽ。／**4**.ハバナのローカル農産物市場内の食堂。観光客でも地元価格で定食が食べられるが、品切れ続出の早い者勝ち。／**5**.家の小窓からおまけ程度に店構えを作ったローカルのサンドイッチ屋。とにかく安く食べ物を、というときに便利ではある。／**6**.ビニャーレスでは、渓谷の岩の間を小さなボートでゆっくり回れる。／**7**.馬で約5時間、ビニャーレスの自然の中を回った。景色が綺麗で、のんびりで

— Cuba —

きてとてもよい。／**8**.たばこ畑にある、作業用の小屋。／**9**.地方に行くと、車の台数が都市部より格段に減る。馬や荷台を付けた馬車は日常の移動手段。／**10**.透明度抜群のカリブの海。シュノーケリングもできる。この時ハバナにハリケーンが来ていたとは思えないほど、おだやかだった。／**11**.マリア・ラ・ゴルダにあるリゾートホテル。地方の街では久しぶりにWifiがつながった。まさかのダイビングができた場所。キューバでクレジットカードが使えたのもここが最初で最後。／**12**.宿の前を通り過ぎるヤギの群れ。のどか。／**13**.想定外のキューバでのダイビング。機材も船もしっかりしていた。カリブの海は当然綺麗。

165

大自然広がるのどかな国のローカル酒場
コスタリカ ～Costa Rica～

中米の楽園は、海に山に、自然がいっぱい

　太平洋とカリブ海に挟まれた中米の国、コスタリカ。小さな国土のうち、実に¼程が国立公園になっていて、世界の動植物種の実に5%が生息しているという、大自然の魅力にいっぱいの国だ。悪天候のため、残念ながら海を諦め、多少雨でも美しいという山側のモンテベルデ自然保護区へ、首都のサンホセから足を伸ばした。

　ちょっと霧がかった緑の熱帯雨林もまた美しい。珍しい植物に囲まれ、鳥がさえずり、カラフルな蝶が舞う山道は、歩くだけで癒し効果バツグンの、マイナスイオン全開な場所だった。時折現れるのはリスやハチドリ、そしてアルマジロ！　あぁ、びっくりした！　興奮冷めやらず参加したナイトツアーでは、野生のナマケモノやトゥカン[1]、タランチュラなどの希少生物にも運良く遭遇。久々に動物で大はしゃぎしてしまった…コスタリカは自然と動物の楽園だ！

最高級のコーヒーはコスタリカの誇り

　低品質のコーヒー栽培は禁止！　こんなすごい法律を作っちゃったコスタリカ。高品質のアラビカ種に限定して栽培できるという、国を挙げて徹底した品質管理を行っている国なのだ。そうとなれば、飲むだけじゃなく見てみたい。私は初めてコーヒー農園に足を踏み入れた。

　高い日よけの木[2]の合間に、たわわに実がなるコーヒーの木が並んでいた。かつてコーヒー豆を運んでいた、装飾が美しい牛車に乗って畑を回り、精製工程も見せてもらった。脱穀機で皮を取り、乾燥させ

※1／中南米に生息する、カラフルで大きなくちばしを持つ、オオハシ。

※2／日差しの強いコスタリカでは、直射日光からコーヒー豆を守るため、コーヒーの木の合間あいまに背の高いシェードツリーを植えている。

て粒のサイズを選り分ける。初めて見る、粒の揃った綺麗な生豆だった。コーヒーの淹れ方も独特で、布のフィルターを使ってゆっくりとドリップしてくれる。香り豊かでトゲのない、上品なコーヒーだった。同じく名産のカカオで作ったチョコや、出来立てのサトウキビの飴をお茶請けに。なんたる贅沢！ 幸せコーヒータイムだ。

ローカル酒場が実はアツい！

豆の煮込みや具沢山のスープ、果物にスイーツと、様々なコスタリカグルメは、レストランや市場の食堂で楽しめる。でも、せっかくなのでお酒を飲みながら色々と…。となれば、舞台はバーに決定だ。

コスタリカは、バーが多い。街には小さなバーがあちこちに存在する。うっかりスルーしてしまいそうな、ちょっとディープで狭い間口の奥に、昼も夜も盛り上がる宴会場が広がっているのだ。

バーといっても、実は結構広いお店が多い。カウンターもあるが、多くのボックス席やテーブルがあり、日本の居酒屋みたいな感じだ。女性客もいる[3]し、外観に反して店内の雰囲気は明るい。

狙うべきは、厨房が見えて、かつ常連客の多いカウンター席だ。作っている料理を覗き込みながら、おススメを店員に聞く。大抵、ほろ酔い常連客も、「コレがうまいぞ！ 食っとけ！」と、教えてくれたり、分けてくれたりする。そしてちゃっかり一杯…ゴチになります！

小皿料理が多いのも嬉しいところ。まずはコスタリカビールで喉を潤し、サックリもちもち食感のユカ芋のフライや、豚の唐揚げチッチャロンを放り込む。うーん、たまらん。魚のマリネ、セビッチェや、肉や野菜をマリネしたエスカベッチェでサッパリお口直し。そして具沢山の煮込みで小腹を満たし、スープでシメる。パーフェクト！

景色を目で楽しみ、舌で食を楽しみ、ノリ良い地元の人との交流を楽しむ。美しく平和なコスタリカは、楽しいことでいっぱいだ！

※3／中米では一番治安が良いとされるコスタリカ。もちろん、中米なので注意は必要だが、観光地や街の中心部は、概ね飲みに行っても大丈夫と言える。念のため夜道は、配車アプリUberを使ってタクシー移動をするのがお薦め。

— Costa Rica —

1.装飾の美しい牛車、カレッタに乗ってコーヒー農園を移動。／**2**.実をたくさん付けたコーヒーの木。／**3**.モンテベルデの山道。緑の木々に、様々な動植物、癒し度MAX。／**4**.コーヒー生豆を乾燥させているところ。／**5**.熱帯雨林の多いコスタリカはカカオの生産にも適している。／**6**.カカオの種を乾燥させているところ。／**7**.チョレアドール（木台）とボルサ（布のフィルター）でドリップするコスタリカコーヒー。／**8**.サトウキビのジュースを煮詰めてキャンディを作る。／**9**.カサードという定食。プラタノというバナナのフライに、煮豆のフリホーレスなどの惣菜と、メインにチキンを選んだもの。／**10**.牛肉と野菜のスープ、オジャ・デ・カルネ。ユカ芋やコー

168

Costa Rica

ン、調理用バナナのプラタノなどが入っている。家庭料理としてもポピュラー。／11.お肉と野菜のマリネ、エスカベッシュ。付け合わせはバナナ。／12.サンホセ中央市場内の食堂街。笑顔で呼び込みしてくる。気さくだけど勢いがすごい。／13.外観はディープだけど、中は意外と開放的で明るいローカルのバー。／14.小さな市場脇の細い通路の先に、お昼から地元客が飲んでるバーが突然現れる。／15.ユカ芋のフライと豚肉を揚げたチッチャロン。サルサソースを付けると美味。／16.「今日のおすすめはこれだよ」と出してもらったお肉たっぷり具沢山煮込み。／17.塩とライムで作るシンプルなシンプルなコスタリカのビアカクテル、ミッチェラーダ。

169

自然と動物、そしてバナナの国
エクアドル 〜Ecuador〜

人も動物もリラックス、ココは太平洋の楽園だ!

　南米最初の訪問地は、赤道直下の国エクアドル[1]。ちょっと治安が不安な本土へ上陸する前に、西へ900km離れた太平洋上ののどかな島々、ガラパゴス諸島で旅パワーをチャージしていくことにした。

　自力で行ける3つの島[2]を訪れた。ダイブスポットや火山など、それぞれに特徴があるが、どこも澄んだブルーの海に囲まれたのどかな島だった。そして、アニマルパラダイスである。浜辺に転がるアシカ、隣で泳ぐイグアナ、潜ればカメにマンタにサメに…とにかくすごい動物の数。警戒心の薄いアシカやイグアナが、その辺に転がっている景色が見慣れるほどだ。ビールを飲みながらビーチでゴロゴロ…つい脱力しすぎて、浜辺のアシカと同化してしまった。

同じ国でもこれだけ違う、警戒レベルと経済格差

　のどかな島々はもはや別の国。次に訪れた、最大の都市グアヤキルの旧市街では、宿の入口に頑丈な鉄格子がはまっていた。強盗防止に、半分シャッターを閉めた状態で営業している店。憩いの場である海沿いの遊歩道や、街を見下ろすサンタ・アナの丘へ登る階段には、10mおきに警官が立つ。気持ちがキュッと引き締まった。

　島で出会ったグアヤキルに住む親子と、一度食事をする機会があった。「旧市街は危ないんだから、夜出歩くなんて絶対ダメ!」と、宿の目の前に迎えの車をベタ付けしてくれた。彼女たちが住むエリアは、高級住宅のある新市街だった。車で走ることしばし、城壁かと思うよ

※1／エクアドルは、スペイン語で赤道という意味。首都のキト郊外が赤道直下に位置している。

※2／サンタ・クルス島(とその横の空港があるバルトラ島)、イサベラ島、サン・クリストバル島はフェリーで行ける。それ以外の島は、ガイド付きツアーじゃないと入島できない。

うな高い壁に囲まれたエリアへ入って行く。「ここは安全地帯よ」という"城壁"の内側は、噴水池を囲むように高級レストランや店が並んでいた。彼女たち行きつけの、サービスの行き届いたメキシコ料理店で食事を楽しんだ。旧市街から数キロ、これまた別の国かと思うような、富裕層にのみ許された優雅な世界が存在していた。

グアヤキルを早々に発ち、最後に訪れたアンデス山脈に位置する高地クエンカは、打って変わって治安のいい街だった。スペイン統治の名残をとどめる美しい市街地は、夜遅くまで広場に人々が憩い、のんびりとしていた。3地域回っただけだが、なんだか3ヶ国旅した気分だ。

鮮魚に肉に、バナナだけではないけれど…

ガラパゴス諸島では、様々な鮮魚が食べられる。観光客が集まる中心地には、魚介レストランが軒を連ね、刺身が食べられる[3]店もある。

海沿いの街グアヤキルも同様に魚介が食べられる街だ。生魚をマリネしたセビッチェや魚たっぷりのスープなどが提供されている。

対して山間部のクエンカでは、肉が中心になる。魚料理もあるが、市場の食堂街は肉料理の店に占拠されていた。豚の丸焼きをドン！と店頭に置いた店が、何軒も並んでいたりするからすごい迫力だ。街中の屋台でも、串焼きグリルが手軽に楽しめる。

どの地域でも、肉や魚が、米や芋、野菜などと一緒に一皿に盛られてくることが多く、スープもセットでよく食べる。煮豆や茹でたり揚げたりしたトウモロコシ、アボカドが添えられていることも多い。

それらを差し置いてでも欠かせないのがバナナ[4]。皿の片隅に、付け合わせに、串焼きのお供まで、とにかくバナナ。エクアドル人に「絶対食べて！」と言われたのも、バナナのコロッケ、ボロンだった。

海に山に、魅力溢れるエクアドル。食の特徴もしっかり伝えたい！そう思ったら、シメがバナナになってしまった。

※3／新鮮なマグロは刺身でも食べられる。様々な鮮魚が揚がるが、中心地の海鮮レストランは観光客向けで高い。ローカルの食堂や屋台は安いが、魚の種類は少なく、揚げ・焼き・スープとシンプルで、肉料理も多い。

※4／エクアドルは世界最大のバナナ輸出国。料理で使われるのはプラタノというグリーンバナナで、食感は芋に近く、野菜として食べられている。

— **Ecuador** —

1. 444段の階段を登ってたどり着くサンタ・アナの丘の頂上からは、グアヤキルの街が一望できる。／2. 市場内の果物売り場。種類豊富で、フレッシュジュースの店も多い。／3. サンタ・アナの丘の上に建つ灯台。／4. グアヤキルのマレコンに建つ時計台。スペイン統治時代の建造物が多く存在する。／5. クエンカの歴史地区にあるサン・セバスティアン教会。／6. ガラパゴス諸島の真っ白な砂浜に生えるマングローブの木で休むペリカン。／7. 幸せそうな顔で気持ちよさそうにベンチを占拠して寝るアシカ。／8. サンタ・クルス島の魚市場。おこぼれをねだりにアシカやペリカン、イグアナが集まってくる。／9. 日向ぼっこ中のウミイグアナ。／10. ランチで食べた魚のグリル。ライスと野菜、そして欠かせない

Ecuador

パタコネスというバナナのフライ。/**11**豚肉のグリルに味を付けたチャンチョとジャピンガチョス（マッシュポテト焼）。/**12**スープとドリンクが付いたランチ。牛肉とタロ芋が入ったスープと魚のグリルにビールを追加。/**13**グアヤキルで食べた、ライムで魚をマリネしたセビッチェ。/**14**クエンカの伝統料理、茹でたトウモロコシとタマゴを和えたモテピージョと、骨付き豚のグリル、チュレタのセット。/**15**豚の丸焼き、オルナードのスライスに、ジャピンガチョスとコーン、唐辛子入りのサルシッチャという郷土料理三昧。/**16**オルナードという豚の丸焼きを店頭に置いた店が並ぶ。スライスして提供される。/**17**エクアドル人が大好きなボロン。潰したバナナに肉やチーズを入れて丸めて揚げたもの。

願うのは、愛と平和とハッピーな日々
コロンビア ～Colombia～

アマゾンから海へ山へ、ここはもう安全な国？

　ゲリラに麻薬、一昔前までは、コロンビアなんて危険でとても行けない国だと思っていた。約半世紀も続いた内戦、私が生まれてからこれまで、平和だったことが無かった国である。ついに停戦という、歴史的な瞬間がおとずれたのは記憶に新しい。コロンビアへ降り立ったのは、和平合意[1]から半年が経ったタイミングだった。

　私が訪れたのは、中でも比較的安全とされる[2]地方都市が中心だ。旅のモットーは陸路移動だったが、そこはやはり安全第一、コロンビアでは飛行機を使って治安が微妙なエリアを飛び越えた。

　南部のレティシアという街へブラジルから陸路で入国した。そこから、一気に北部カリブ海へ。沿岸部の都市と、カリブの島へも足を伸ばし、最後に山あいの盆地にあるコロンビア第2の都市メデジンを訪れた。どの街の治安も落ち着いていたし、大雑把にではあるけれど、アマゾン・海・山と異なる景色や食文化を巡る旅だった。

　雄大なアマゾン川が流れる熱帯雨林のど真ん中、自然に囲まれたレティシアから、ドキドキしつつも上陸した北部の街、カルタヘナ。スペイン統治時代の建物が残り、港湾都市として多くの要塞が設けられた街は、国内外からの観光客で賑わっていて、世界遺産に指定された建物が並ぶ海沿いをたくさんの人がのんびり散歩していた。この街の人はとてもフレンドリーで、気さくに声をかけてくる人も多い。「この街はどう？　楽しんで行ってね。心配しなくていい、ここはもう安全だから！」地元の人たちに、そう言われた。

※1／2016年6月、政府とゲリラで和平合意が結ばれ、ゲリラの武装解除がなされた。沈静化している地域もあるが、合意内容が遂行されていないとして再武装を図る動きもある。完全な終結には至っていない。

※2／外務省発表の危険情報に従っての渡航判断。レベルが1（十分注意してください）の都市を訪問した。危険度の高いエリアも多いので確認が必要な国。

観光客が来てくれる穏やかな日々が嬉しいのだと思う。多くの問題があるからこそ、平和を愛してやまない人も多い国なのだ。

運命の出会いと、家庭の味サンコーチョ

カルタヘナから、さらにのんびりした街を求めて、タガンガという街へと足をのばした。各地で多くの人と出会ったけど、この街には、後々の旅にもつながる素敵な出会いが待っていた。

観光客も少なく、地元の人たちが海水浴を楽しむ、静かで小さな漁村。海沿いにある小さな食堂で、穫れたてのお魚料理を頬張っていた時のこと。食堂でビールを飲んでいた1人の地元のおじちゃんが声をかけてきた。ゆっくりランチを楽しんでいたので、色々話しかけられてちょっぴりめんどくさい、と正直思っていたのだけど、「これから海外の友人がここに来るんだ。一人旅だったら、旅行者同士仲良くなっておいたらいいんじゃないか？」と言われ、1本ビールをおごってくれたので、そういうことならと、一緒に飲んで待つことにした。

やってきたのは、私より一回りほど年上のドイツ人3人組。タガンガに来るのは2度目だという彼らは、レントハウスを借りて滞在しており、おじちゃんはその貸主、ということだった。彼らとはなんとなく息が合い、翌日のおじちゃん宅でのランチに、私も一緒に付いていくことに。レントハウスのお客さん向けのおもてなし、という趣旨のランチに、客でもないのに便乗してしまった。

翌日、準備してくれていたのは、サンコーチョだった。コロンビアをはじめ、カリブ海沿岸地域で主に食べられるスープで、コロンビアの食堂ではメイン料理とセットで付いてくることも多い。ユカ芋やバナナ[3]、アボカドにコーンなど、様々な野菜が入っていて、メインに肉や魚を使う。レシピは家庭の数だけある程の定番料理だ。さすがは漁師町、この日の料理は、巨大な魚を頭からシッポまで丸々使った、

※3／プラタノというグリーンバナナを調理して食べる。サンコーチョにも入れるが、平たく潰して揚げたパタコンという料理が、食事に添えられて出てくることが多い。

— Colombia —

1.要塞都市カルタヘナのサン・フェリペ城塞。/ **2**.古くからの建築物が並ぶ、世界遺産にも指定されているカルタヘナ歴史地区、旧市街の景色。/ **3**.漁船が停泊するタガンガの海岸線。/ **4**.タガンガの海の夕焼け。/ **5**.タガンガの浜では漁師がその日獲れ魚を売っている。夜のBBQ用に大きな魚をお買い上げ。/ **6**.お宅訪問でごちそうになった家庭のサンコーチョ。バナナやユカ芋などが入っている。/ **7**.丸ごと魚が入ったサンコーチョ。/ **8**.魚のマリネ、セビッチェ。サンアンドレス島ではエビが山盛り。ケチャップベースでちょっと甘い。/ **9**.豚の丸焼きレチョナ。中に詰めたお米や豆、野菜に豚の味が染みて、美味。/ **10**.トウモロコシの生地に好きな具材

— Colombia —

をのせて食べるアレパ。／**11.**グアタペのレストランで食べた、大きなトルッチャ（マス）のクリームソースがけ。ソースにイカ、エビ、チピチピという貝などが入っている。／**12.**ビアカクテル、ミチェラーダ。塩とレモンでスッキリ。／**13.**果物が豊富なので、安くたっぷりフレッシュジュースが飲める。／**14.**耐熱の土鍋、カスエラで煮込んだ魚介のスープ、カスエラ・デ・マリスコス。エビや貝、タコなども入って、魚介ダシが美味しい。／**15.**カスエラで煮込んだフリホーレスという豆の煮込みと豚肉が入ったメデジン名物のスープ。Cazuela de frijoles。／**16.**タガンガの食堂の定番ランチ。サラダにピラフ、バナナを揚げたパタコン。魚は一匹丸っとカリカリに揚げてライムが付く。

177

豪快なものだった。じっくり時間をかけたという、お店では食べられない具沢山のサンコーチョ。家庭の味はやっぱり最高だ。

　おじちゃんとはこの後会うことはなかったが、ここから毎日、ドイツ人とは一緒に過ごした。夕飯はいつも彼らの家で作ったり、屋台で惣菜を買ってみたり、浜辺の漁師から魚を買ってテラスでBBQをしたり。寝泊まりだけは一応ホステルに戻りつつ、宿より居心地のいい彼らのピカピカレントハウスに入り浸る日々。近郊の国立公園や、スキューバダイビングも一緒に行って、すっかり彼らの一員になる。縁をつないでくれたおじちゃんに、感謝しなければ。彼らとの再会はわずか1ヶ月半後、ドイツにて。本当のお宅訪問を実現させたのだった。

▌世界で最も革新的な都市へ　　　　　　　　　　　　　▌

　田舎町でのんびり過ごした後は、いざ、大都市メデジンへ。かつては世界有数の凶悪都市で、マフィアの拠点にもなっていたが、今では、凶悪犯罪は激減し、インフラや芸術・スポーツ関連施設の増強などの都市計画を推進したことで魅力溢れる都市へと変貌を遂げている。WSJ[4]の「最も革新的な都市」に選ばれるまでになった、すごい街なのだ。山に囲まれた盆地で、都市として発展している中心部と山側の貧困地域とを長いロープウェイを設置してつなぐなど、住むにも観光にも適した環境整備が行われている。

　ロープウェイの山頂から見る盆地の景色も美しいが、郊外にも見どころが多い。巨大な岩の上に登ると、湖と森が広がる絶景が見られるピエドラ。そしてその近郊には、ゴースト化した街を復活させるために街中をペイントして観光地となった、超カラフルタウンのグアタペなどがある。斬新な変革と自然が造り出す都市は、とても興味深い。

※4／ウォール・ストリート・ジャーナルの略。世界最大の経済新聞。2013年に最も革新的な都市（Innovative City of the Year）でメデジンが1位を獲得した。

■ お花とグルメに囲まれて

　メデジンの宿には、客への観光案内に情熱を注ぐスタッフがいた。知らずに訪れたのだけど、メデジンではちょうど伝統の花祭りが開催されているタイミングで、「パレード見に行くよ〜！」と、スタッフがみんなに声をかけてくれたのだ。大人数でパレードの会場で場所取りし、和気あいあい楽しんだ。この日は花を飾った車やバイクが駆け抜ける日。花飾りを背負って歩くメインパレード[5]が翌日だったということは、後に知ることになる。メインの日に連れてってくれよ…と思いはしたが、それでも一気に宿仲間もできたし、植物園での気合いの入った巨大花飾りは見れたので、まぁよしとしよう。

　ともあれ、様々な情報を出してくれて、時に一緒に外出してくれたスタッフのおかげで、観光もそうだがグルメをかなり満喫できた。アマゾンや海沿いの街の料理は、お米・バナナ・サラダ・豆の煮込みという定番セットに肉か魚、そしてスープというシンプルなメニューが多い。対して大都市メデジンには魅力的な料理が多く、ここぞとばかりに食べ歩いた。

　カスエラという耐熱鍋で食べる魚介や肉などのスープが有名で、熱々で様々な具が楽しめる。魚介入りクリームソースをさらに魚にかけた魚づくしの料理や、トウモロコシで作るアレパというパンにお肉やアボカドを山盛りにしたものなど、見た目もオナカも満足できる。そして一番インパクトがあったのは、レチョナという豚の丸焼き。中にたっぷりの米や豆、野菜を詰めて焼くという豪快なだけでなく手の込んだ美味しい料理だった。

　人々は優しく、食も豊かな国。美味しいごはんとお酒、そして明るい笑顔がこれからも続く、平和な国になることを願いたい。

※5／メデジン近郊のサンタ・エレナという街の花農家の人たちが、シジェタという花飾りを背負って歩く。シジェタは、重たいものは100kgを越える。

— Colombia —

1.メデジン郊外にある巨大な岩、ラ・ピエドラ・デル・ペニョール。頂上からは周囲に広がる湖と森を360度パノラマで見渡せる。／**2**.町おこしとしてカラフルなペイントを施した、メデジン郊外のグアタペ。街中のあらゆる建物が彩られている。／**3**.都市計画の一環として建てられたメデジンの植物園。花まつりの期間だけ、たくさんの花飾りの特別展示が行われる。／**4**.年に一回開催される伝統行事の花まつり。パレードで走っていた、花を飾ったトラック。

運河と共に栄える中米の交通の要所
パナマ ～Panama～

大都市パナマシティで海鮮料理に舌鼓

　近年の経済発展が目覚ましい、中米の付け根にある交通の要所として栄える国、パナマ。大地を切り開いて作られた、太平洋とカリブ海をつなぐ巨大なパナマ運河は有名で、両側の海から獲れた新鮮な魚介を使った料理を楽しむことができる。中米初の地下鉄も走る首都パナマシティの新市街は、高層ビルが立ち並ぶ大都会だ。旧市街の歴史地区では、植民地時代の面影が残る西洋風の街並みを見ることもできたりと、様々な顔を見せてくれる国だ。

1.パナマシティの高層ビル群の夜景。ルーフトップバーなども多く、夜も盛り上がる街だ。お酒を飲みながら華やかな夜景を楽しめる。／2.漁港で食べた魚介のマリネ、セビッチェとパナマのビール。色々魚が選べるセビッチェは、黒貝とMIXの2つをセレクト。／3.揚げたバナナをお皿代わりに魚介の炒め物を入れた、パタコネス・レジェーノス・デ・マリスコス。／4.この国の象徴でもあるパナマ運河。ミラフローレス水門では、門を開閉させて水位を変え、高低差のある運河に船を通航させている。

181

出会いと美食と絶景あふれるアンデスの国
ペルー ～Peru～

波乱の幕開け、ヒッチハイクと素敵な出会い

「陸路、通れないらしいよ」記録的豪雨[1]で主要道が崩れて不通、という話を聞いたのは、お隣エクアドルでの滞在中だった。陸路で首都のリマまで南下しようと思っていた矢先のこと。入国前からトラブル発生だ。行けるところまで行こう、とりあえず国境越のバスに乗った。わかっちゃいたけど進めない。北部の街ピウラから、路線バス、ときどきヒッチハイクでなんとか途中のトルヒーヨという街までたどり着いた。拾ってくれたマシンガントークのお姉さん、ありがとう。

そこから先は、橋の崩落で迂回路を越えなければならなかった。川を渡ればバスがある、そう聞いて向かった橋は、随分手前から車が超大渋滞していたた。そのスキマを、バイクや徒歩で渡河を試みる人たちが通っていく。私も歩き始めてみたが、先が見えない。途中で、橋の先まで乗せてくれるという車を見つけて乗ってみたものの、待てど暮らせどピクリとも動かない。有り余る時間を有効活用すべく、一気に200km先のリマまで行く車がいるかもしれないと、探してみることにした。ダメだったら戻ってくるからと、乗せてもらっていた車に言い残し、渋滞にハマっている車に片っ端から声をかけていった。

「リマ行く？」このフレーズだけを、ひたすら連呼して歩いた。10台、20台…リマ行きの車はほとんどなく、見つけても定員オーバー。この状況だ、人も荷物も相乗り状態でパンパンの車が多かった。

「Si」聞き間違いかと思った。声をかけるのも飽きたころ、待望の「リマ行く？」「行く行く！」の回答である。しかも仮眠スペース付

※1／2017年に起こった、数十年に一度という記録的豪雨で、ペルーは甚大な被害を受けた。大陸を南北に縦断するパンアメリカンハイウェイでは、橋の崩落が起こり、陸路の交通網が一時遮断された。

きの車内広々長距離トラックだった。優しいパパさんドライバー、夜通しの運転の末、リマに到着したのは16時間後だった。職場にトラックを返しに行くからと、降ろされた先で待っていたのは、笑顔のまぶしい奥さまと、愛らしいベイビー。「ウチ来る？」「行く行く！」南米最初のお宅訪問が決まった。お世話になります、どこまでも。

■ セビッチェなくしてペルーは語れない

お邪魔したのは、ドライバーのママのお宅だった。どちらかというと寡黙なパパとは対照的に、底抜けに明るい家族が待ち受けていた。「ご飯食べて行ってちょうだい！」と、奥さまとママは一生懸命につけまつげをセット。近所のスーパーへ行く為の、おめかし完了だ。

アンデスの野菜や海の幸が並ぶスーパーで、彼女たちが購入したのは大粒の白いトウモロコシ、チョクロや大量のレモンにコリアンダー、大きなお魚だった。作るのは、ペルーの代表料理セビッチェだ！

セビッチェとは魚をマリネした料理のこと。中南米の、特に太平洋側地域の国々で広く食べられるが、ことペルーにおいては欠かせない国民食だ。生の白身魚にレモンと香辛料を使った物が基本形だが、貝やタコなど他の魚介も使うし、バジルや果物、醤油[2]を使うものなど、そのレシピは無限に存在する。沿岸部だけでなく、山間部でもマスなどの川魚で作られる、ペルー全土で愛される料理なのだ。

さて、ハイテンションなファミリーはというと、スピーカーで大音量で音楽をかけ、ビールをプシュッと空けて調理開始だ。ノリノリでかつ手際よく、大きな魚を一口大に切って行く。大量のレモンを絞るのは私の役目…のはずが、「絞り方がなってない」と、帰ってきたパパに取り上げられる。手持ち無沙汰なので、ママとビールを飲んで、踊りながら完成を見届ける。刻んだコリアンダーに、缶のミルク[3]や香辛料、チョクロも投下してしばし冷蔵庫へ。その間に、付け合わせ

※2／日系移民も多いペルーでは、醤油を使ったセビッチェをはじめとする日系料理が存在する。現地でもそのままNikkeiと表記されている。

※3／ペルーでは、缶に入った無糖のエバミルクが普及しており、料理には牛乳よりコクのあるこちらを使うことが多い。

Peru

1.リマの海／**2**.最初のヒッチハイク後、洪水の余波が残るパンアメリカンハイウェイにて。／**3**.ヒッチハイク後、リマへ向かう海沿いの道。／**4**.リマ行きの車を探して声をかけて歩いた渋滞の列。／**5**.長距離を運転してくれた、ホストファミリーのパパ。／**6**.スーパーにて。ペルーの巨大な白黒のコーン。／**7**.コーンの実を外してセビッチェに入れていく奥さま。／**8**.セビッチェ用にカットした魚。／**9**.完成した、パパと奥さまが

― Peru ―

作ってくれたセビッチェ。/ **10.**ペルーのトウガラシ色々。/ **11.**リマへの道中、チクラヨの街のレストランで食べた、ペルー最初のセビッチェ。/ **12.**ママが作っておいてくれた魚介の炊き込みご飯、アロス・コン・マリスコス。/ **13.**チクラヨで食べたコンチャス・ネグラスという黒貝を使った、ペルー北部の珍しいセビッチェ。

のタマネギをスライスし、黄色の甘いアンデスの芋を茹でて完成！

　酸味のあるマリネ液に、甘いポテトがマッチする。チョクロの食感もおもしろくて、遠慮なくたっぷりいただいた。

　お酒も入り、盛り上がった家族は食後のダンスタイムへ突入。寡黙かと思っていたパパも踊る。やっぱりラテン人なのだ。ひたすらはしゃぎ終え、「次はBBQをしよう！」と再会を約束しておいとました。リマを発つ日に、再訪させてもらった。作ってくれたのは、またセビッチェだった。BBQはどこへ…。

謎多きアンデスの食材

　海沿いのリマから一気にアンデス山脈をのぼり、訪れたのは標高3,400mの高地に位置するクスコ。マチュピチュをはじめ、いくつもの名所への起点となる世界遺産の街だ。5,000m越えを果たしたレインボーマウンテン[4]も、この街からの移動になる。日本人観光客も多い街だが、私の宿には、クスコに住んでいる日本人がいた。諸事情でしばしの間宿に泊まっていた彼は「地元の料理を食べたい！　知りたい！」という私を、中心地から少し外れた地元の市場や食堂、泥棒市へと案内してくれた。私の代わりに流暢なスペイン語で色々聞いてもらって、安値でスパイスも買えて大満足だ。市場に並ぶアンデスの食材は珍しいものばかり。キヌアやチアにマカといった、スーパーフードもお手頃価格で山積みだ。芋の種類は無数にあり、チューニョ[5]という乾燥芋も売られていた。他にも、詰め物や調味料などにも使われる、ロコトや黄色いアヒ・アマリージョなど数々の唐辛子や、白に紫の大粒のコーンなど、謎の多いアンデスの食材をチェックしつつ、ペルー料理が美味しい理由を探求して回った。ひたすら通訳してくれた彼に感謝である。

※4／クスコ近郊にあるヴィニクンカ山のこと。色鮮やかな地層が虹のように見える。山頂の高さは5,200m。クスコからツアーで行ける。

※5／一度凍らせてふやけた芋を乾燥させた保存食。水で戻して料理に使ったり添えられたりする。ペルーをはじめ、アンデス一帯で食べられる。

アルパカとクイ

　アンデスの恵みは、野菜だけにあらず。ペルーで有名な動物と言えば、やはりアルパカだろう。暖かいモフモフの毛は、アンデスの寒さをしのぐ防寒着にも使われる。そして、高地では貴重なタンパク源でもある。そう、ペルーでは食べるのだ。愛らしい姿を一旦忘れ、ありがたく頂戴する。赤身のお肉は柔らかでクセがなく、おいしかった。

　アンデス一帯では、クイという動物も食べられる。テンジクネズミのことで、こちらもモフモフ…なのだが、お祭りやお祝いの席で提供されることも多い、古くから食べられてきた伝統食材だ。

　クスコで再会した友人が「クイが有名な街があるんだけど、一緒に行かない?」と誘ってくれた。願ったり叶ったりだ。早速、ローカルバスで15kmほど走り、近郊のティポンという街を訪れた。

　街の入口では、クイの丸焼きを持った巨大なインディヘナ[6]の女性像がお出迎え。通りを入っていくと、クイを提供するお店、クイエリアが軒を連ねていた。笑顔が素敵な店員さんの店を選んで入ってみる。

　地元の人で賑わう店、隅にある窯でインディヘナの女性がクイを焼いていた。窯の中を珍しそうに覗き込む私たちに「臭み消しにワカタイというハーブを詰めて焼くのよ」笑顔で教えてくれた。

　焼き上がったクイは、芋とパスタ、ロコト・レジェーナというの唐辛子の詰め物と一緒に提供された。皮はパリッと香ばしく、身は臭みなく、タンパクだけどしっとりと柔らかい。窯で丁寧にじっくり焼かれたクイは、想像していたより美味しかった。

　数えきれない程美味しい料理があるペルーだが、やはりその食材が特徴的だった。世界でも絶賛されるペルー料理、日本でもブームになる日は近いかも…。アンデス食材、スーパーに是非並べてほしい!

※6／原住民の意味で、ラテンアメリカの先住民族の総称。

— Peru —

1.空中都市とも呼ばれる、高地にあるかつてのインカ帝国の遺跡、マチュ・ピチュ。／**2**.民族舞踊を踊っていたクスコの人たち。／**3**.山積みのペルーの唐辛子、ロコトを売っている市場のお店。／**4**.モフモフのアルパカ。／**5**.市場に売られている、様々な種類のトウモロコシ。粒を乾燥させたもの。／**6**.大きな窯でたくさんのクイを、火加減が均等になるように入れ替えながら時間をかけて焼き上げていく。／**7**.観光客向けのレストランで食べたアルパカステーキ。焼きすぎるとちょっと硬い。／**8**.クイのオナカにたくさんのワカタイという香草

— Peru —

を詰めて焼く。／**9**.焼きたてのクイ。皮がパリパリで香ばしい。ロコト・レジェーノと芋、パスタとセットでボリューム満点。／**10**.ティポンの街にある、大きなクイがのったお皿を持ったインディヘナの像。／**11**.紫トウモロコシのジュース、チチャ・モラーダを売るインディヘナの人たち。／**12**.ロコトという大きなトウガラシに肉やチーズなどの具を詰めたロコト・レジェーノ。／**13**.セビッチェやロコト・レジェーノなど、好きな惣菜を盛ってくれる市場の食堂。／**14**.アヒ・パンカというトウガラシが入ったクリーミーなエビスープ、チュペ・デ・カマロネス。

知れば知るほどハマる高所の国
ボリビア 〜Bolivia〜

ひたすらに高地、そして絶景

　広大な南米大陸の内陸部に位置し、日本の３倍もの面積を持つボリビア。西側を南北にアンデス山脈が貫き、東部にはアマゾンが広がる。正式名称は「ボリビア多民族国[1]」で、その名の通り超多民族国家である。街によって気候も文化も民族も違う多様性に富んだ国なのだ。

　ペルー国境を越えて訪れた最初の街は、チチカカ湖畔のコパカバーナ。インカ発祥の地とされる太陽の島が湖に浮かび、古代遺跡と高地に広がる水と雲の絶景を見ることができる。インディオの人たちが暮らす、水と緑あふれるのどかな街だ。淡水魚であるマスのセビッチェやフライなど、内陸国でありながら、チチカカ湖の恩恵を受けて新鮮な魚が食べられる貴重な街でもあった。標高約3,800m、のっけから富士山越えだ。ここから西側のアルティプラーノ[2]とその近郊を巡りながら、南部のウユニを経て、チリのアタカマへと抜けた。4,000m〜2,000mくらいの標高を、上がったり下がったりしながら移動する旅は、滞在すべてが低酸素トレーニングみたいなものだ。人の体はすごいもので、空気が薄いのにも慣れ、酒を飲んでも動き回ってもびくともしなくなっていた。鍛えたい方はゼヒ、ボリビアへ。

　同じ高地でも、ボリビア南部ではまた全然違う景色が見れる。植物のほとんど無い乾いた高地、言わずと知れたウユニ塩湖もその一角だ。広がる塩湖の美しさはあまりに有名だが、そこからさら南へ登って行くと、4,000m越えの世界に降るような星空や、色鮮やかな湖を見ることができる。そしてアンデスの動物リャマやビクーニャ、フラミン

※１／約36もの先住民族が暮らし、日本人も含め移民も多い国。先住民の権利拡大政策に伴い、2009年にボリビア共和国から、ボリビア多民族国へと国名が変更された。

※２／ペルー南部からボリビアにかけて、南北に約800kmも続くアンデス山脈中に広がる高原地帯。平均海抜は3,500〜4,000m。

ゴなどの動物たちも愛らしい姿を見せてくれるのだ。

　ちなみに、ボリビアでは丼、ステーキ、干し肉などで、リャマを食べる。煮れば柔らかいが、焼くとちょっと獣臭い。ペルーで食べたアルパカの方が美味だった。決してゲテモノ食いではない。貴重な高地のタンパク源、アンデスの恵みなのだ。誤解なきよう…。

コチャバンバ、トロトロ、シペシペ

　呪文のようだが、全部地名。先住民族の言語が語源になっている地名は、なんだかかわいい。ボリビア第3の都市コチャバンバで、旅前の語学留学時代の友人たちと合流し、一緒に近郊の2つ村を訪れた。特に、国立公園にもなっているトロトロは、洞窟や滝などをガイド付きのトレッキングツアーで巡り、数々の絶景にみんなで盛り上がった。

　実は南米一のキリスト像があったりと、何かと規模のデカい街、コチャバンバ。どこまで続くのか分からないほど、街の中心地が巨大な市場と化している街でもあり、市場好きにはたまらない。生鮮品や服飾、日用品も興味深いが、何よりも嬉しいのが食べ物屋台。無数に続く屋台では、エンドレスに未知の料理を発見できて、興味と食欲が止まらない。お肉料理が中心で、豚に牛、鶏やモツなどの料理を、皿に山盛りのせてくれる。アヒ[3]を使ったピリ辛の味付けや、トウガラシのサルサをかけたものなど、スパイスでアクセントが付いた料理が多い。モテという白いコーンや、ユカ芋にバナナといった付け合わせの食材もこの土地ならでは。1つでお腹いっぱいになるけど、チョリソーやエンパナーダ[4]などの軽食を見つけると、ついついまた手を伸ばしてしまう。空腹になるヒマがないのだ。

　近隣のシペシペという小さな村は、アンデスの地酒チチャの本場だ。飲み頃のチチャが飲める証として白い旗を軒先に掲げたチチェリア[5]を、村のあちこちで見ることができる。チチャは、主にトウモロコシ

※3／唐辛子のこと。南米特有のアヒがたくさんある。辛みが少なく風味の強い物を、下味やソースのベースなどに使う。ピリ辛料理は結構多い。

※4／焼いたり油で揚げたりしたチョリソーをパンに挟んだチョリパンや、具を包んで揚げた大きなエンパナーダというパイは、屋台で手軽に買える定番スナック。

― Bolivia ―

1.ウユニ塩湖のツアーにて。参加者と水の反射でトリック写真を撮ってみる。／2.塩湖の周辺でもサボテンはたくましく育つ。／3.ウユニ近郊で遭遇したアンデスの動物、リャマ。ボリビアではリャマのお肉も貴重な食糧になる。／4.乾燥した大地で風化した奇岩。／5.世界一綺麗に星が見えると言われるアタカマは目と鼻の先。ボリビア側でも降るような星空が見える。／6.南米一巨大なキリスト像は、ブラジルではなくボリビアのコチャバンバにあった。／7.様々な地層や地形が作る大自然が広がるトロトロの国立公園。／8.どこまで

—— Bolivia ——

も果てしなく続くコチャバンバの生鮮市場。／**9**.下味をつけた肉を揚げたチチャロン。豚や鶏などをモテ（コーン）や芋とてんこ盛りにするのがコチャバンバスタイル。皿がズッシリ重い。／**10**.市場の一角には屋台以外に食堂街も。熱々の寸胴から料理をすくってもらう。／**11**.細切りにした肉をトマトとスパイスで煮込んだサイセという料理。ユカ芋付きでボリューム満点。／**12**.チチャの店でおつまみとして出てきた茹でたお肉のマリネ、エスカベッチェとモテ（トウモロコシ）。

で作られるどぶろくのような醸造酒だが、シペシペではブドウで作ったヴァラポと呼ばれる変わり種も飲むことができる。チチャは穀物の独特な香りがあって少しクセが強いけれど、ヴァラポはスッキリとした甘みがあってなかなか美味だ。スイスイ飲めてしまう魅惑のお酒についつい店をハシゴして、ゴキゲンほろ酔いになってしまった。

超短期スペイン語留学と市場の誘惑

　南米旅のネックは、スペイン語だ。大都市はともかく、地方は英語が通じない。少しでも上達をと、スクレという街で宿を併設している語学学校[6]に飛び込んだ。南米の中でも物価が安く、話すスピードがゆっくりなボリビアは、語学留学先として最適だった。とはいえ旅が押しすぎて時間もなく、わずか1週間という付け焼き刃留学だ。

　結論から言えば、見事に惨敗。当然である。ほぼゼロスタートのスペイン語を、英語の授業で叩き込むのだ。どっちもどっちで泣ける。分からなさすぎて時々思考回路が硬直した。優しい宿のママと、気さくな先生と、どちらも人柄が最高だったことに救われた。

　授業のある平日は、基本的に一日中お勉強をするマジメな学生生活。民族織物が有名な近郊のタラブコという街での日曜市と、宿近くにある市場での毎日のランチタイムという、買い物と郷土料理の食べ歩きが息抜きであり、至福の時間だった。

　幸いにして、スクレの市場は店も食堂もめちゃくちゃ充実していて、連日通っても飽きることがなかった。そして、訪れた中でも美食の多い嬉しい街でもあった。広い食堂フロアを、店先の鍋を覗き込みながらぐるっと歩いてその日のランチを品定め。名物の巨大チョリソーや、ピリ辛の豚や鶏の煮込みは定番料理。牛肉が比較的安いボリビアでは、牛の骨付き肉からじっくりダシをとったプチェロや、牛カツのスパイシーソースがけなどの牛肉料理も豊富で、毎回1品に絞るために頭を

※5／チチャが飲めるお店はチチェリアと呼ばれる。チチャは発酵が進むお酒で飲み頃となる日数が限られるため、飲み頃のチチャがあるときだけ、その合図として白い旗を店先に掲げる。

※6／スクレは学校の数が多い教育都市だ。ネット予約もできるが、街中にたくさん学校があるので、飛び込みで見学して即日入校、というのも十分可能。日割りや週単位の金額設定が多いので、希望の日数で短期就学もできる。

悩ませた。野菜不足は市場の果物屋台で、補った気になって罪悪感を紛らわした。スペイン語の実力は微増、体重は激増、なんてことだ。

まさかワインの名産地だったなんて

　日本の市場ではまず見ることのないボリビアワイン。その存在すら知らなかったのだけど、酒屋で200〜300円くらいからと破格でボトルが買えることもあって、滞在中はかなりの種類を飲んだ。

　ワインの産地は、アルゼンチン国境に近いタリハという街。国境を越えた先のサルタ[7]がワインの名産地なのだから、土壌も気候も近いタリハは、同様にブドウ作りに適している。スペイン統治時代の17世紀には既に生産が始まっており、その歴史は結構長いのだ。

　温暖な気候もあってか、タリハの人たちはとても懐っこく、気さくに話しかけてくれる。食堂のママの笑顔もバッチリだ。ここもまた美食の街で、ピリ辛だけどスパイスの深みある料理が食べられる。近くには、サン・ハシントという巨大なダムと、それを水源にする川が流れていて、淡水魚が豊富に獲れ、名物のカングレホというザリガニの唐揚げや、巨大な淡水魚の豪快なフライが食べられる。そしてさすがはワインの街、小さな市場の食堂にまでボトルワインがあり、地元の人たちが昼からワインを飲みながら食事をしている。もれなく私もタリハスタイルに便乗して、昼からワインを楽しんだ。

　ワイナリーツアーにも手軽に参加でき、機械設備の整ったところから、未だ手作業という老舗まで、いくつか見学して回った。ワインやシンガニと呼ばれる蒸留酒も色々試飲できたし、中には金賞受賞ワインもあった。日本でもボリビアワインが飲める日が来るといいな。

　正直ほぼノーマークで訪れたが、自然も食も充実した、もっと長くいたくなる国だった。酸素が濃ければ尚良しだ。

※7／アルゼンチンではメンドーサがワインの一大産地だが、北部のサルタはそれに続く第二のワイン名産地。

— **Bolivia** —

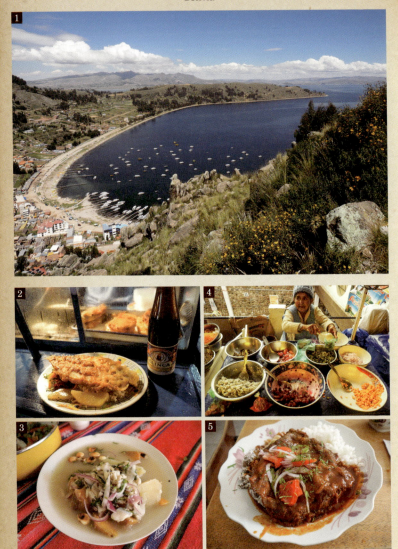

1.丘の上からコパカバーナの街を一望。チチカカ湖畔には、島への観光船と、淡水魚の漁に出る漁船が停泊している。／2.屋台で食べた、チチカカ湖で獲れたトルッチャ（マス）のフライと、インディヘナの柄が入ったボリビアのビール。／3.魚のマリネ、セビッチェ。淡水魚のマスを使っている。水の美しいチチカカ湖、魚の臭みはまるでなく、食感もしっかりして新鮮。／4.スクレの市場で調味料や惣菜を売る店。宿での自炊用にボリビア食材を購入。／5.薄い牛カツを煮込んだファルソ・コネホ。辛くないけどコクのあるアヒ（トウガラシ）ソースが美味しい。／6.日曜市が開催される、スクレ近郊のタラブコ。織物がたくさん並ぶ通り。／7.プチェロという煮込み料理。たっぷりの牛の骨付き肉に、じゃ

196

— Bolivia —

がいもと、砕いたお米のおかゆが入っている。牛ダシが美味。／8.食堂で食べた鶏のピリ辛煮込み、ピカンテ・デ・ポヨ。／9.スクレの市場で食べたフルーツパンチ的なもの。惜しげもなく果物を混ぜてくれて、サービス精神満点。／10.市場で食べたフルーツ盛り。野菜不足を果物で補おうという試みも、チョコが甘くて撃沈。／11.ワイナリーのブドウ畑。／12.タリハで食べたピリ辛のもつ煮込み、ピカンテ・デ・パンサ。白トウモロコシも入って歯ごたえバッチリ。／13.ボリビアのワインの歴史は古い。タリハの老舗ワイナリーで試飲タイム。／14.サン・ハシントの名物、カングレホという小さなザリガニのから揚げ。殻ごとポリポリつまむ。ビールに合う！／15.旅の途中で時々買って飲んでいたタリハ産のワイン。

197

アートな街でお魚ざんまい
チリ 〜Chile〜

落書きがアートになってしまった世界遺産の街

　標高2,000m越えのアタカマ砂漠から、首都サンティアゴを経て、一気に海沿いのバルパライソという街へ、北から南へ駆け下りた。しばらく山間部に滞在していたので、海を見るのは約1ヶ月半ぶりだ。久々に鮮魚が食べられる瞬間を心待ちにしながら、細長い国を気長にバス移動。首都サンティアゴまでの所要時間は、なんと25時間。チリのスケールをなめてかかると痛い目を見る。ケチらず飛行機に乗ればよかったと後悔した。

　やっとやっと到着した港町のバルパライソは、海沿いを囲むように、急斜面の大地が広がり、その斜面を埋め尽くすように、カラフルな建物がびっしりと建ち並んでいる。歴史ある街並みは、同じく古くから使われている港湾と共に世界遺産にも登録されているのだけれど、目に留まるのは建物そのものよりも、実は色鮮やかなスプレーでの「落書き」だったりする。雑多な落書きも多いけれど、青空美術館とはよく言ったもので、壁一面を使って緻密に描かれたアート作品と言えるものも多い。普通は世界遺産が落書きだらけなんて大問題だと思うのだが、落書き込みでアートな街として容認されちゃった珍しい街なのである。

　坂や階段だらけの街では、斜面の上下をつなぐアセンソール[1]が市民の足として運行している。既に使われなくなり、ペイントを施されて街を彩るアートの一部と化しているものもあった。高台からの景色を楽しみながらの街歩きは楽しく、街並みや無数にある芸術的な落書

※1／スペイン語で昇降機の意味で、重力を利用して動くケーブルカーのようなもの。19世紀から使われているが、年々稼働台数は減っており、現在運行しているのは10本程度。

きに気を取られていたら、うっかりかなり高いところまで登っていた。アートな住宅街の路地でプチ迷子、街歩きはほどほどでやめるべし。

■ サーモンだけじゃない、お魚大国チリ

　日本でも売られているチリ産の魚と言えば、有名なのはサーモンだろう。バルパライソも、サーモンの養殖業が盛んな街の一つだ。しかしサーモンはそもそもチリの魚ではなく、あくまで養殖魚。チリ料理にはそれ以外にも様々な地場の魚介類が使われている。パイ生地で具を包んだエンパナーダ[2]には、エビ×チーズや、シーフードミックスといったメニューがあり、これでもかというほどプリプリのエビや貝などの魚介が入っている。中南米でおなじみの魚のマリネ、セビッチェ[3]には、その日獲れた色々な種類の魚介類が使われている。そして海産物をアレコレ入れた、出汁の旨味MAXのスープは絶品だ。とにかく安く、大量の鮮魚を使うのが、お魚大国チリの料理なのだ。

■ 高級食材とチリワインでクッキング

　観光地より頻繁に足を運んだ魚市場には、連日多くの新鮮な魚介類が並んでいた。そんな中、隅っこに格安価格で追いやられていたのは、なんと巨大なウニ、そしてアワビ！　どちらも袋一杯買って500円程、巨大なウニは3つ、アワビに至っては10個も入っていた。日本での値段を知ったらチリの人は衝撃を受けるに違いない。想定外の破格で仕入れた高級食材で、待望の海鮮三昧だ！

　連日怪しい魚介類を持ち込む私は、宿でみんなの注目を集めた。海外では、ウニやアワビを食べたことの無い人が珍しくない。「おいしいの？」と興味津々でキッチンを覗いてくる。トゲトゲのウニを割り、嬉しそうに身を取り出す私は、ここでは変人だ。海鮮丼を作った時は「作り方を教えて！　こんなの、チリの日本食レストランで食べたら、

※2／スペイン及びポルトガルの郷土料理。旧スペイン領の中南米各国でも食べられる。ここではエビや貝を挙げたが、肉を使うなど地域によって具は様々。

※3／チリではレイネタという白身魚が主流だが、貝や他の魚も使う。塩とレモン、コリアンダーを混ぜたものに、好みでトウガラシや胡椒を入れたりする。

— Chile —

1.標高2,000mを超える、チリ北部、アタカマの「死の谷」。砂漠と岩が作り出す世界。／2.街中にあふれるアートのような、精度の高い「落書き」と、その先に見えるバルパライソの夜景。／3.カラフルな落書きと、街を彩るカラフルな建物。／4.傾斜を上り下りするアセンソール。／5.バルパライソの急斜面を登る階段。登り口にはお昼寝中のネコ番長。／6.様々な魚介が入ったスープ、チュペ・デ・マリスコス。たっぷりチーズをかけて熱々の器で出されるのがチリ流。／7.屋台で売られている魚のマリネ、セビッチェ。好みでコショウやチリパウダーを加えて食べる。／8.チリのソウルフード、エンパナーダ。サクサクのパイ生地に、たっぷりの具が入っている。／9.たっぷり具が詰まった揚げたてサクサクのエンパナーダ。／10.漁

200

— Chile —

船が並ぶ漁港。ウミネコやペリカンも集う。/11.チリワインで柔らかアワビのリゾットを。格安で作って豪快に食べる!/12鮮やかな黄色の身がぎっしり詰まった巨大ウニ。チリでも食べられるが、あまり人気がなく安い。/13.10個で約500円のアワビ。サイズはまちまちだが、肉厚でかなり大きいものも。/14ご飯が見えないくらい盛り付けた山盛りのウニ丼とアワビ刺し。濃厚でとろけるウニが最高。/15いくつもの魚屋が軒を連ねる漁港脇にある魚市場。/16,17道端で火を起こして、ノリノリで魚介を焼いて食べさせてくれるおじちゃん。/18宿スタッフにうらやましがられた、サーモン、ホタテ、ウニを贅沢盛りした海鮮丼とカルパッチョ、ホタテの肝煮。/19BBQをしていたおじちゃんにおごってもらったローカル酒場。

201

めちゃくちゃ高いんだから！」と言ってきたスタッフもいた。

　周囲の視線をもろともせず、作ったのは山盛りウニ丼と、アワビの刺身！　う〜ん、たまらん！　そして、地元の幸には地物をと、安いチリワイン[4]を大量購入し、残りのアワビをワイン蒸しやリゾットに。柔らかアワビでオナカいっぱいという贅沢。刺身、ウニ、アワビを飽きる程食べて、ワインをしこたま飲んだ。チリで安ウマ海鮮料理を食べるには、魚市場からの自炊が最良だったりするのかも…。

陽気なおじちゃんの路上BBQ

　治安があまり良くない[5]と言われるバルパライソ。そんな街で、私は地元のおじちゃんたちと、連日路上で焼きガニを食べていた。

　市場周辺の屋台の一角で、路上で火を起こし、海産物BBQをしているおじちゃん集団がいた。炭火焼きの香ばしい海産物の香りに、つい足を止めると、「食うか？」と、焼きたてのカニを、その辺の段ボールの上にパキッと割って渡してきた。新手の高額カニ詐欺か？　と思わないでもなかったが、せっかくなので、とりあえずカニを食べてから考えることに。豪快にカニにかぶりつく図がおもしろかったのか、タダだった上に、「またこいよ！」と言われてしまった。

　小さな街ではないのに、何人かとはその辺でばったり出くわしたりと、ご縁のあったおじちゃんたち。会うたびに「よっ！　今日も後でこいよ！」と言われ、連日炉端焼きならぬ路端焼きを、一緒に楽しむようになった。カタコト英語で楽しそうに会話をしてくれる、陽気な人たちで、滞在最終日にはついにお酒までおごってもらった。いやホント、毎日ごちそうさまでした！

　治安はまずまず、陽気な人はたくさんの、人間味あふれるおもしろい街。おじちゃんたちの焼きガニは、レストランの料理より美味しい最高のごちそうだった。謎の日本人と盛り上がってくれてありがとう！

※4／チリは言わずと知れたワインのメッカ。日本でもチリワインの価格は手頃だが、現地では質の良いワインが数百円でバンバン買える。

※5／落書きのせいで治安が悪く見えるが、実際は、南米の中では比較的安定している方だ。スリ、強盗などの軽犯罪には警戒が必要なレベルの街。

地球の裏側にある日本
パラグアイ ～Paraguay～

日本人移住の地へ

　戦前戦後の貧しかった時代、多くの日本人移民を受け入れてきた南米では、各地で日系人に出会う機会があった。ブラジルのサンパウロには、世界最大の日系人社会も存在するが、早くから移民受け入れをしていた国々では、既に3・4世へと世代交代をしている。現地文化に溶け込んだ生活を送っていて、若い人では日本語を話せない人も多い。そんな南米において、戦後も積極的に移民政策が取られたパラグアイでは、現在も多くの移民1世の人たちが暮らしている。現地の人と共生しながらも、日本語を話し、日本食を食べ、異国の地に色濃い日本文化を根付かせているのだ。

　パラグアイでは、日本人入植地の一つである、イグアス居住区[1]を訪れた。経済成長を遂げた日本では見られなくなった、移住当時の古き良き日本の姿がそのまま、地球の裏側に存在していた。

ちゃんと知ってる? 日本の移民政策

　「こんにちは!」宿の入口がわからず、ウロウロしていたところで、日本語で声をかけられた。日本人が住んでいるのだから当然と言えばそうなのだけど、カタコトのスペイン語で戦ってきた南米で、特に英語すらほとんど通じないパラグアイで、突然日本語で挨拶されると驚いてしまう。街に入った途端に日本語の看板が目に入るようになり、日本語の会話が聞こえる。久々に触れる日本語に安心感を覚えつつも、南米の大地に突如現れる日本社会というのはやはり不思議なものだった。

※1／1961年に入植が始まった、「最も若い移住地」と言われる場所。日本の経済成長で移民する人が激減したため、パラグアイは現在も移民枠が残っており、条件を揃えれば移住可能だ。

イグアスでは、移民1世の園田さんの宿[2]でお世話になった。到着した日、「初日だけサービスで出してるの」とお母さんが準備してくれた夕飯は、おにぎりと梅干し、そして豆腐の入ったお味噌汁。正真正銘の日本の味だ。梅自体は台湾産だそうだが、日本製法の自家製梅干しで、米や味噌の材料の大豆[3]は、日本から持ち込んでこの地で育てられたもの。もちもちの美味しい日本米だった。

　日本人が開拓した街だが、パラグアイの人たちも多く住んでいて、日本語とスペイン語、グアラニー語[4]が入り交じっている。街には日本食料理屋も多く、訪れた店では、和食とパラグアイ料理が提供されていた。餃子や焼きそば、焼き飯などの和食に、マンジョッカ芋やティラピアのフライといったメニューが混ざっていて興味深い。隣の席でおいしそうに和食を食べていたのはパラグアイ人。商店でも、いなり寿司や太巻きなどの、日本食のお弁当が並んでいた。

　そんなイグアスの街には、日本から持ち込んだ物や、入植時の歴史の様子などが展示されている移民史料館がある。園田さんに、入植当時の苦労や治安の悪さなどの話をしてもらいながら、入国時の旅券や持ち込んだり作ったりした農機具など、その歴史を教わった。史料館には、日本から持参した当時の生活用品も大切に保管されている。ある意味日本より日本らしい、昭和の日本を知る機会にもなった。

　移民政策を知らない世代になりつつある現代日本。恥ずかしながら、私も訪れるまで知らなかったことがほとんどだった。色々と学ばせてくれた館長の園田さんには、この場を借りて感謝を伝えたい。日本文化を守り、現地で発展させ、異国の地から今日の日本を支えてくれている日本人がいることを、日本で暮らしながらも意識していきたいと思う。

※2／ペンション園田を経営されている。移民史料館の館長の方。

※3／移住者が南米に持込んだ大豆は、入植者の努力により、原生林だったパラグアイの地を大豆の一大生産地へと変えた。

※4／スペイン語と共に、パラグアイの公用語になっている。周辺諸国でも一部話す地域がある。イグアスという名前もグアラニー語。

― **Paraguay** ―

1.日系人が営むレストランで、食事をするパラグアイの人たち。／**2**.淡水魚ティラピアのフライ。／**3**.ペンション園田で出してもらった、日本米のおにぎりと、パラグアイの大豆で作った豆腐と味噌のお味噌汁。／**4**.久々に食べた焼き餃子。／**5**.眞子様も訪れた、移民に関する貴重な資料が保管されている史料館。／**6**.移民の方々が入植時に日本から持ち込んだ生活用品。移住当時の昭和の生活が分かる。／**7**.かつて使われていた農機具の数々。日本から持ち込んだものや、現地で作ったもの、ブラジルから仕入れたものも。／**8**.商店のお弁当。焼き飯、稲荷ずし、太巻きなど、和食のお弁当やお惣菜が並ぶ。

205

世界屈指の牛肉大国、料理は豪快に!
アルゼンチン 〜Argentine〜

大自然とタンゴな南米の大国

　南北に長く、広大な面積を持つアルゼンチン。国境を接している国が多く[1]、旅のルート上最も多く出たり入ったりしたおかげで、パスポートがアルゼンチンのスタンプだらけになってしまった。

　最初に訪れたワインのメッカであるメンドーサでワイン三昧の日々を送り、首都ブエノスアイレスでは、情熱的なタンゴの路上パフォーマンスを見る機会にも恵まれた。そして有名な世界三大瀑布の1つイグアスの滝は、ブラジルとアルゼンチンの両サイドから迫力ある景色を見て、水しぶきでずぶ濡れになった。たった3都市、それでも移動にかなりの時間がかかり、とても全土は回り切れなかった。

訪れるべきはメンドーサ、飲むべきはマルベック

　世界でも有数のワイン生産地、アルゼンチン。中でも一番の名醸地であるメンドーサは、アンデス山脈の麓に位置する自然豊かでのんびりした街だ。郊外には美しい山々に囲まれた温泉地もあり、リラックスして過ごすことができる。

　手軽に申し込めるワイナリーツアーが多数催行されており、その一つに参加して、ワイナリーを醸造過程に沿って見学することができた。上質なオリーブの産地でもあるため、お待ちかねの試飲タイムでは、オリーブオイル漬けのトマトなどがワインのお供に出された。美味しいワインの見分け方講座を受けつつ、おつまみ片手にほろ酔いだ。

　そんなメンドーサで味わっておくべきは、マルベックという品種の

※1／ボリビア、チリ、ウルグアイ、パラグアイ、ブラジルの5ヶ国と国境を接している。4ヶ国出入りしたので、パスポートにたくさんのアルゼンチンの出入国スタンプが押されている。

ブドウで作られたワイン。元はフランスから渡ってきたものだが、この地の気候に馴染んで広がり、今やマルベック＝アルゼンチンワインと言えるほどの主力だ。これがまた美味しくて、濃いめの味がお肉に合う。牛肉大国アルゼンチンでは、欠かせないワインなのだ。

豪快なアサードは男の料理

人口より牛の数が多いアルゼンチン。価格も安く、もはや主食は牛肉と言える程、その消費量はすごい。中でも、炭火でグリルしたアサードは郷土料理の代表格。もちろん外食も可能[2]だが、本来は男性が調理するのが一般的という、ワイルドな家庭料理なのだ。

そんな私にも、家庭のアサードを食べられる機会がが巡ってきた。「今日はアサードにしよう！」と、宿のパパが大量のお肉とワインを携えて外出先から帰ってきたのだ。運良くその場にいた私は、宿ファミリー主催のアサードへの参加権をゲットしたのだった。

男性陣が炭火を起こし、様々な部位の肉を、大きな塊のまま豪快焼き台にのせ、じっくり時間をかけて焼き上げていく。「部位毎にうまく食べれる焼き加減が違うんだ！」と、丁寧にこだわりの焼き加減に仕上げて行く。豪快にして繊細、そんな男のBBQだ。

焼き上がったお肉は、アツアツの状態でテーブルに運ばれ、上手に切り分けてくれる。これも全部男性の仕事。座っていると、焼きたてのお肉がどんどん運ばれてくるという、なんとも幸せな構図だ。

そして、準備してくれたワインは、やはり主力のマルベック。「アサードには絶対赤ワイン！　もちろんマルベックじゃなきゃダメだ！」と、これまた豪快に、大量のワインをみんなで飲み干した。みんなで和気あいあい準備して、こだわりの焼き加減のお肉をこれでもかと食べて、ワインを飲んで盛り上がる。その全てを楽しむのがアサードなのだ。しかし、よく食べてよく飲んだ！

※2／レストランや屋台でも食べることができる。
網の上で焼くスタイルをパリージャというので、
レストランではPARRILLAと書かれていることも。

—— Argentine ——

1.ブエノスアイレスを流れるラプラタ川に面した埠頭エリア、プエルト・マデロの夜景。レストランや高級マンションなどが建ち並ぶ。／2.路上パフォーマンスで、情熱的なアルゼンチンタンゴを踊る人たち。／3.世界三大瀑布の一つ、イグアスの滝。ブラジル側からも見えるが、アルゼンチン側からの方が近くに見れる。／4.チリとの国境付近の山岳地帯。高地のため雪が残っている。／5.見学したメンドーサのワイナリーにて、

208

— Argentine —

巨大な樽で熟成・管理されるワイン。／**6**.宿でのアサード。お父さんが巨大なお肉を、豪快に、こだわりの火加減で焼き上げる。／**7**.ワイナリーでのワイン講座。グラスを光にかざしてワインの色を確認中。／**8**.どこのレストランでも、食べ応えばっちりの巨大で分厚い牛肉が食べられる。部位を選べるお店もある。

食べて、飲んで、音楽でハジける!
ウルグアイ ～Uruguay～

南米のオアシスは、世界随一の牛肉消費国

　南米一治安が良いと言われる、のんびりしたウルグアイ。古い石畳が残る世界遺産の街、コロニア・デル・サクラメントへは、ブエノスアイレスからフェリーでわずか1時間で到着する。食文化は周辺諸国と近く、牛カツのミラネッサや、パイで具を包んだエンパナーダのような、イタリアやスペイン由来の料理が多く[1]、お肉のグリルアサードも定番料理だ。だが、何と言ってもすごいのはその消費量。一人当たりの牛肉消費量世界一の座を勝ち取った国でもある。国内の牛の頭数は、なんと人口の4倍! 人より多いとかいうレベルを越えている。レストランでも屋台でも、とにかくお肉な国なのだ。

お肉にはやっぱりコレ! 希少なタナのワインに舌鼓

　牛肉ときたら合わせるはやはりワイン。ウルグアイでは、タナ[2]というブドウを使ったワインが有名だ。主に南部の沿岸地域に多数のワイナリーがあり、サクラメントから一番近いものを訪れた。

　到着したベルナルディというワイナリーは、静まり返っていた。予約なしの突撃訪問。もしや休業か? と不安になりつつ、恐る恐る呼び鈴を鳴らすと、女性が出てきてくれて、ほっと一安心。

　彼女は、私だけの為に貸切ツアーを実施してくれた。1892年から続く老舗の貯蔵庫には巨大な樽がたくさん並んでいて、「家族経営だから、繁忙期は一家総出でブドウの収穫をするのよ。」と説明してくれた。一族の伝統ワインを大切に守り続けているワイナリーなのだ。

※1／ウルグアイとアルゼンチンは、植民地時代のヨーロッパからの入植者の子孫で形成されており、スペイン、イタリアは中でも比率がとても高い。

※2／スペイン人によって持ち込まれたブドウで、フランスでも使われているが、ウルグアイのタナ＝ウルタナと言われる程、この地に根づいた品種。

試飲させてもらったワインは、芳醇で力強く、お肉と合うだろうなぁと、つい何本も購入してしまった。飲み比べをしたグラッパも、柔らかくスッキリと飲みやすかった。美味しいワインと、すすめ上手な女性のおかげで、ほろ酔いのご機嫌で帰路へ。バスは一向に来ず…買ったワインを抱え、結局街まで3kmほど、なんにもない荒野を歩いて帰った。酔いも覚めたし、買ったワインで飲み直し！

愛するマテ茶とカンドンベ

　牛肉食べて、ワインを飲んで。なのに、この国には太った人が少ない。その秘密は、どうやらマテ茶。抗肥満効果があると言われるマテ茶を、とにかく一日中飲み続けている。マテ茶専用のカップに、専用の金属ストローを刺して飲むのだが、外出時にはお湯の入ったポットまで抱えて、注ぎ足しながらひたすら飲むのだ。南米各地で飲まれているが、こんなに街中の至るところでマテ茶フィーバーが起きている国は見たことがない。モンテビデオの宿スタッフも、常に小脇にマテ茶を抱えていた。聞くと、「少なくとも毎日3ℓは毎日飲むね。」と言って、またマテ茶を飲んだ。

　そんなマテ茶なスタッフ達の宿には、カンドンベ[3]という打楽器の達人がいた。「今夜街で叩いて歩くんだ、見においでよ！」と声をかけてくれた。マテ茶を打楽器に持ち替え、スタート地点の路上に立つ。

　20人程の奏者が、軽快なリズムを創り出しながら、住宅地の通りをゆっくりと進んで行く。まもなく、楽団の先頭に立って、サンバを踊る人たちが現れた。音を聞きつけた近隣の人たちが徐々に集まり始め、気付けば数十人規模の大行進に！　スゴい熱気、みんなノリノリで踊りながら歩く。巨大なパレードと化した一団は、終着となる街の広場で最高潮を迎えた。普段はおっとりした人が多い印象だが、その実態は、時にラテンのパッションを爆発させる、アツい国なのだ。

※3／アフリカ系ウルグアイ人によってもたらされた打楽器。世界無形文化遺産にも登録されている。年に数日、大きなカーニバルもあるが、日曜の夜などに定期的に実施されてもいる。

― Uruguay ―

1.サクラメントの海沿いはみんなの憩いの場。/**2**.世界遺産に登録されたサクラメントの古い街並み。/**3**.サクラメントにあるワイナリー、ベルナルディの貯蔵庫。ずらりと大きな樽が並ぶ。/**4**.試飲させてもらったグラッパ。度数の割にキツさを感じず、美味しかった。/**5**.モンテビデオ中心部にある、高さ95mのサルボ宮殿。1928年の完成当時は、南米で最も高かった。/**6**.サンデーマーケットで売られていたマテ茶カップ。柄が色々あって、革張りだったりとしっかりした造り。/**7**.描かれた柄もカッコいいカンドンベ。出発を待つ。/**8**.軽く一杯ワインに、おつまみ…と思ったら山盛りのオリーブと角切りサラミが出てき

— Uruguay —

てしまった。／9.チョリソーを挟んだパン、チョリパンやチビートというステーキサンドの屋台。／10.名産のチーズは、もう1つ買えばよかったと思うほど美味だった。／11.串に刺して鉄板で焼いた牛肉のパリージャ。食べ歩きスナックもやっぱりお肉。／12.ほどよく焼きあがったアサードは、脂身少な目の赤身肉。／13.ショートリブのアサード。チミチュリというオレガノなどが入ったソースを添えるのが定番。／14.薄く伸ばした牛肉のカツ、ミラネッサ。お皿一杯のビッグサイズだが、衣薄めでサクサク、見た目より軽い食感。／15.ウルグアイ原産のミードという蜂蜜酒。／16.ウルグアイ産ビールもある。お肉×ビール派も安心。

大きすぎてとても全部は見切れない
ブラジル 〜Brazil〜

初めてのパトカー乗車体験

　1ヶ月半ほどかけて外周をぐるっと回ったブラジル。南米一の大国はとにかくデカい。大都市に、滝にビーチにアマゾンに…何ヶ国分もの気候や文化が詰まっている、旅をしていて飽きることのない国だ。ただ、その治安はどこもいまいちで、州によって貧困差も大きく、特に貧しい北部の街では危険度が増す傾向にある。何事もなかったけど、おそらくこの旅で一番警戒しながら旅した国だ。

　何事もなかったのに、この国ではパトカーに乗ったのだ。それも3回も。もちろん、犯罪を犯して捕まったという訳ではないのだけど。

　1度目はツーリストポリスだった。交番で観光地への行き方を聞いたら、なんとそのままパトカーで送って行ってくれたのだ。人生で初めてパトカーに乗車した瞬間である。一緒にいた旅仲間も大興奮していた。2度目は、宿へ帰ろうとバス停へ向かって歩いていたときに、たまたま走ってきたパトカーに拾われた。この辺は安全じゃないからと、バス停ではなくそのまま宿まで送ってくれた。パトカーで帰還したのを見た宿のスタッフが、何かあったのかと驚いて、慌てて飛び出してくるというちょっとした騒ぎを起こしてしまった。そして3度目は、コロンビアへの国境を陸路で越える時のこと。少し離れた警察署へ、パスポートにスタンプを押してもらいに行かねばならず、警察署はどこかと警察官に聞いたら、そのまま署まで乗せて行ってくれた。

　まさかのパトカー体験の積み重ねである。それだけ治安が悪いということなのだろう。ブラジル警察の皆様、お世話になりました！

ゆったりどっぷりホームステイ

　ブラジルでは3軒のお宅にお世話になった。サンパウロでは、旅中で知り合った友人宅に、いつものごとく転がり込んだ。住民しか入れない高層マンションの屋上から夜景を見たり、巨大都市ならではの観光を満喫させてもらった。

　リゾート地ピパでは、寿司屋を経営する夫婦のお宅に泊まることができた。CS[1]のプロフィールに寿司屋をやってると書いてあって、気になってオファーしたのだった。日本へは行ったことの無いというブラジル人夫婦で、店のオーナーはイタリア人、寿司の監修はポルトガル人という、日本の要素がどこにもない寿司屋だった。日本の寿司とはかけ離れていたが、バーでワイン片手につまむようなオシャレな"Sushi"が考案されていた。色々なカクテルも出していて、カイピリーニャ[2]ならぬ、日本酒を使った"サケ"リーニャなるものが提供されていた。日本酒とアマゾンの果物との出会いは、斬新で意外と美味しかった。

　そして最後は、真っ白の砂丘に無数の湖が見られるレンソイスを見に行こうと、経由地として寄った北部の街サン・フアン。元々2泊の予定でCSでオファーしたお宅では、ご夫妻の「好きなだけいていいよ」というご厚意に甘えて、結局8泊もしてしまった。毎日手料理をごちそうになり、親戚が集まるランチ会に参加したり、友人たちと一緒にイベントで盛り上がったりもした。色々な人と交流して、食べたり飲んだりしたおかげで、ブラジルの食生活が随分と見えてきた。実は高いからシュラスコは滅多に食べに行かないという、ちょっと衝撃の事実も知った。牛肉は思ったほど安くない上に、年々高まる魚ブームのせいで海の魚は人気が出て値上がりが激しいので、家では鶏肉や川魚を使うことが多いのだそう。牛肉は週末に外で食べるもの、とい

※1／カウチサーフィン。ホストを探す時にキーワード検索ができる。趣味に料理とか、食とかを入れると、シェフやレストランをやっている人、料理好きの人を発見できることがある。酒で検索すると、飲み仲間も見つかる。

※2／サトウキビの蒸留酒カシャーサ（またはピンガ）のカクテル。砂糖とライムを入れるのが一般的だが、他の果物を使うこともある。ウォッカがベースになっているものは、カイピリスカ。いずれもブラジル全土で飲まれる。

Brazil

1.リゾート地ピパの海岸線。／**2**.居住者だけが見られる、高層マンションの上から見たサンパウロの夜景。はるか先まで360度ビルが続く超巨大都市だ。／**3**.レンソイスの砂丘と、雨季に見られる、点在するエメラルドグリーンの湖。／**4**.サン・ルイスの街中で週末に行われていたイベント。踊るのが好きなのはブラジル全土どこでも一緒。／**5**.毎日パパが作ってくれたフレッシュジュース。／**6**.パパが作ってくれたランチ。店で食べるより結構ヘルシー。お肉お魚バランスよく。／**7**.親戚の集まりでいただいたランチ。お先にどうぞ、なんてものはない。親戚一同で争奪戦。／**8**.イベント会場の屋台で買ったご飯。炊き込みご

— Brazil —

飯にヴァタパという豆のペーストを添えた、サン・ルイスの定番料理。/**9.**王道料理の豚と豆を煮込んだフェイジョアーダ。/**10.**フェイジョアーダと一緒に食べる、お米とケール、揚げた豚肉。/**11.**ローカル食堂の定番スタイル。お肉料理に豆の煮込みフェイジョと、マンジョッカ芋の粉ファロッファが付く。/**12.**レンソイス周辺地域の定番セット。白米ではなく炊き込みご飯になることが多い。/**13.**お肉のグリル、シュラスコ。高級店では、お肉を持ったウェイターが回ってくる食べ放題だが、通常は1つ2つ部位を指定して個別オーダーする。/**14.**カシャーサにパッションフルーツとミントを入れたカイピリーニャ。

217

う位置付けのようだった。

　さらに意外だったのは、その食べ方。ブラジル人は、何を食べる時も右手にナイフ、左手にフォークを持って食事をする。手を使うのはマナー違反のようで、ピザを食べるときでさえ、ナイフとフォークで器用に食べるのだ。うっかり手で食べてしまってごめんなさい…。

■ サンバとグルメとカシャーサと

　アフロブラジリアンという、アフリカ文化が色濃く混ざる地域がある。大西洋沿いの街、サルヴァドール・ダ・バイーアだ。奴隷貿易港があった場所で、現在も住民の大半がアフリカ系のため、音楽や食文化もアフリカの影響を受けた、ブラジルの中でも特異な街でもある。

　訪れたのは６月。フェスタ・ジュニーナと呼ばれるお祭り期間で街はカラフルな旗で飾られていた。宿はお祭り目当ての旅人でいっぱいだった。テラスで毎晩カイピリーニャが無料で配られ、毎晩そこで飲んでいた。当然仲間の幅は広がり、滞在中は観光も食事も大体誰かと一緒に動いて、バイーア料理をシェアすることができた。

　ブラジルというとお肉なイメージだが、バイーアには魚料理が多く、デンデ油[3]を多用するのが特徴だ。ココナッツミルクで魚やエビを煮込んだムケッカにもデンデ油が使われる。豆の生地をデンデ油で揚げたアカラジェはこの街のソウルフードで、生地にヴァタパという野菜やココナッツのペーストや、オクラにエビやハーブを混ぜたカルルなどを挟んで食べる。美味しいけどちょっと油っこい。同じ生地を揚げずにバナナの葉で包んで蒸したアバラという料理もあって、こちらの方が軽くて食べやすかった。

　カシャーサ[4]にアマゾン原産の果物の果汁を混ぜた、この地ならではのお酒もある。種類が豊富なので、片っ端から頼んで宿の仲間と回し飲みした。度数の高いお酒で、あっという間にへべれけになった。

※３／デンデヤシというヤシの実から作られた油で、濃いオレンジ色をしており、独特の強い風味を持っている。バイーア料理にはこの油が欠かせない。

※４／バイーア近郊が本場の、ブラジルの蒸留酒。サトウキビで作られるものが主流だが、バイーアではココナッツから手作りされるものも多い。

そして肝心のお祭り当日は、朝まで続くメインステージの音楽とダンスに、通りを歩くサンバやカポエイラ[5]のパレードで盛り上がる。治安が悪いので、宿スタッフも入れて総勢20人程で団体行動をとった。リスクは低く、盛り上がりはアツく。飲んで、サンバサンバで踊り明かした祭りの夜。翌日の宿は静寂が訪れた。みんなぐったりである。

■魅惑のアマゾン料理

　ブラジル料理は奥が深いが、やはり一番謎めいているのは広大なアマゾンの熱帯雨林で獲れる、この地ならではの食材を使った料理だ。
　日本でも有名なアサイーの原産地はアマゾンだ。北部の街ベレンでは、スイーツではなく主食として食べられる。ちょっと土臭いアサイーを、オカズと一緒にたっぷり食べるのだ。一応砂糖は置いてあるが、現地の人はあまり入れない。個人的には、砂糖ナシではやっぱりちょっと…と思うのだけど、新鮮なアサイーがそのまま食べられるのは原産地ならではなのだ。この街ではマンジョッカ[6]の使い方もひと味違う。絞り汁を発酵させて、黄色く甘酸っぱいトゥクピーという調味料を作る。これに、ジャンブーという舌がしびれる野菜を入れて作ったタカカというスープが名物だ。まさにクセになる味というか、感覚というか…。また食べたいと思うのだけど、日本ではやはり難しい。
　そしてやっぱりアマゾンと言えば巨大魚。魚市場の景色はまさに圧巻だ。ピラルクはごちそうだし、アロワナは熱帯魚じゃなく食料だ。そして、焼いても揚げても実はおいしいので、黙って出されたら、きっと日本人でも、まさかアマゾンの魚だとは気付かないと思う。
　あまりに巨大で、1ヶ月半で駆け抜けて見れたのはごく一部だ。未知なる世界がまだまだこの国には広がっているに違いない。

※5／サンバもカポエイラも、奴隷によるものが起源と言われている。諸説あるが、いずれにせよバイーアは、ブラジルの中でも踊りと音楽のメッカだ。

※6／キャッサバのこと。国によってマンジョッカ、ユカなどと呼ぶ。ちなみに、タピオカはキャッサバのでんぷん。ブラジルでタピオカといえば、ゼリー状ではなく粉。粉を薄く広げて焼いたものに、チーズなどの具を巻いて食べる。

— Brazil —

1.カラフルな旗で彩られたバイーアのペウリーニョ広場。祭りの日はサンバやカポエイラのパレードがこの辺りを通って盛り上がる。／2.バイーアの民族衣装を着てアカラジェを作ってくれる屋台のお姉さん。／3.民族衣装を着て祭りの催事へ呼び込みをするバイアーナ。／4.大きな皿で豪快に出された魚のムケッカ。デンデ油の風味が強いがとても美味しい。／5.蒸した生地にエビなどの具を挟んだアバラ。／6.果物の果汁を混ぜたカシャーサ。まだまだ種類がある。／7.バイーア名物、エビのムケッカ。／8.飛行機から見たアマゾン川と熱帯雨林。／9.マナウスの魚市場

— Brazil —

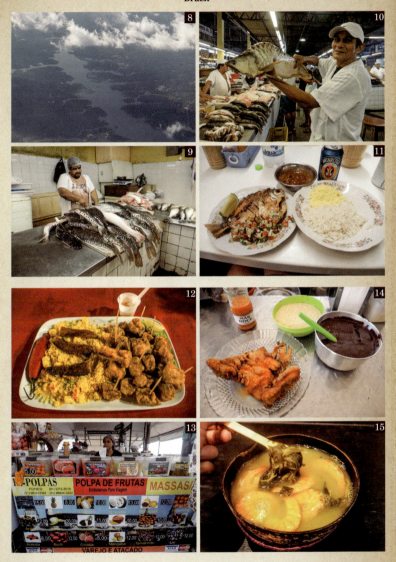

には見たことがない魚が沢山。魚も巨大、さばくおじちゃんも巨体。／**10.**ノリノリで魚を見せてくれたおじちゃん。／**11.**アマゾン定番のマパラという魚。味もしっかりしていて普通に美味しい。臭みはない。／**12.**アマゾンの魚のフライ。肉厚で、柔らかいけどしっかりしてる。／**13.**アマゾンの果物いっぱいのジュース屋台。知らない果物ばっかり。／**14.**ベレンでは大きなボウルに無加糖のアサイーが付く。氷が入って冷えている。しょっぱいおかずと一緒に食べる。／**15.**マンジョッカ芋から作る調味料トゥクピーと、しびれるジャンブーという野菜を使ったベレン名物のスープ、タカカ。

221

2019年9月吉日　三好智子

Afterword

　どの国で、どんな出来事があって、何がおいしかったか…。膨大な量の写真を見ながら、頭の中でもう一度世界をぐるっと一周してみた。

　本当に多くの人たちに支えられて旅をしてきたことを改めて実感する。泊めてもらったり、観光のアテンドをしてもらったりと、各国でお世話になった人は数知れず。出会いがありすぎて、一人旅なのに、一人だった時間の方が少なかったんじゃないかと思う。そして、よくぞこれだけの料理を食べたものだと、旺盛な食欲に我ながら驚いてしまう。旅で出会った仲間とシェアした名物料理、ホストファミリーに作ってもらったごちそうや、飲みの場で意気投合した初対面の人と食べたおつまみなど。料理そのものに感動したこともたくさんあったけど、それ以上に、食べていた場面や一緒にいた人たちなど、1品1品に旅の思い出が詰まっている。食べ歩いた料理は私の旅そのものだ。掲載する料理を選びながら、「あぁ、ダメだ、オナカすいた‼」と、現地の味を思い出しながら原稿を書いていたので、読んだ人の食欲もそそるような本に仕上がっていたらいいなと思う。

　世界中で見て、食べてきた体験を、本にする機会をいただけて、本当に幸せです。携わってくださった全ての方に、感謝の気持ちを伝えられたらと思います。私の食と旅への思いを形にしていただいて、ありがとうございます！

　世界の美食探求の旅は、まだまだこれから。さて、次はどこの国へ、何を食べにいこうかな。

三好智子 (Tomoko Miyoshi)

旅人、スパイス愛好家。各国料理を提供するイベント「Moko's Spice」を定期開催。アジアへの旅がきっかけで、香辛料を使った各国の料理に魅了され、研究に没頭する。世界中の食を知りたいという欲求が抑えられず、2016年7月から世界一周の旅へ。これまでの訪問国数は60ヶ国、キッチンは各国のスパイスで溢れ、日々世界の食を探求し続けている。

女ひとり旅、世界のめしを食べつくす!

2019年10月16日　第1刷発行

三好智子／著

取材・原稿・撮影	三好智子
デザイン	吉井茂活(MOKA STORE)
編集	松本貴子

発行　株式会社産業編集センター
　　　〒112-0011
　　　東京都文京区千石4丁目39番17号
　　　TEL. 03-5395-6133
　　　FAX. 03-5395-5320

印刷・製本　萩原印刷株式会社

Ⓒ2019 Tomoko Miyoshi Printed in Japan
ISBN978-4-86311-242-1　C0026

本書掲載の文章・写真を無断で転記することを禁じます。
乱丁・落丁本はお取り替えいたします。